MP3 다운로드 방법

컴퓨터에서 ▶
- 네이버 블로그 주소란에 **www.lancom.co.kr** 입력 또는
  네이버 블로그 검색창에 **랭컴**을 입력하신 후 다운로드

- **www.webhard.co.kr**에서 직접 다운로드
  아이디   : lancombook
  패스워드 : lancombook

스마트폰에서 ▶ **콜롬북스 앱**을 통해서 본문 전체가 녹음된
MP3 파일을 **무료**로 **다운로드**할 수 있습니다.

- 구글플레이·앱스토어에서 **콜롬북스 앱** 다운로드 및 설치
- 이메일로 회원 가입 → **도서명** 또는 **랭컴** 검색 → **MP3 다운로드**

원하시는 책을
바로 구매할 수
있습니다.

전체 파일을
한 번에 저장할
수 있습니다.

쓰면서 배우는 **독학 일본어 워크북**

쓰면서 배우는 **독학 일본어 워크북**

2020년 4월 10일 초판 1쇄 인쇄
2020년 4월 15일 초판 1쇄 발행

지은이 박해리
발행인 손건
편집기획 김상배, 장수경
마케팅 이언영
디자인 이성세
제작 최승용
인쇄 선경프린테크

발행처 *LanCom* 랭컴
주소 서울시 금천구 시흥대로193, 709호
등록번호 제 312-2006-00060호
전화 02) 2636-0895
팩스 02) 2636-0896
홈페이지 www.lancom.co.kr

ⓒ 랭컴 2020
ISBN 979-11-89204-62-4 13730

쓰면서 배우는

독학
일본어
워크북

박해리 지음

LanCom
Language & Communication

일본어는 우리말과 같은 계통의 언어로서 문법 구조가 비슷하고, 어휘 측면에서는 한자를 쓰기 때문에 다른 계통의 언어에 비해 배우기가 쉽다고 할 수 있습니다. 그러나 우리에게 비교적 배우기 쉬운 언어라고 하더라도 외국어인 이상 어려움은 정도의 차이일 뿐 마찬가지이고, 특히 초보자에게 있어서는 학습 방법의 차이에 따라 영어보다 오히려 더 어려울 수도 있습니다. 이처럼 일본어를 배우기 시작한 지 얼마 안 되어 중도에 포기하는 학습자가 많은 이유는 비능률적인 학습 방법뿐만 아니라 교재 선택의 잘못에서 기인한 경우가 많다고 할 수 있습니다.

또한 암기식 공부 방법에는 단점도 있지만 외국어 공부에서 암기와 반복 훈련은 누구도 부정할 수 없는 필수 과정입니다. 누가 더 일본어를 잘하느냐는 누가 그 상황에 적절한 표현을 더 많이 외웠느냐하는 문제와 직결됩니다. 따라서 필자는 일선 강단에서의 활동과 일본어 교재 연구의 풍부한 경험을 바탕으로, 일본어 공부를 처음 시작하거나 사정에 의해 중단하였다가 다시 시작하려는 분들을 위해 학원에 가지 않고도 혼자서 온전하게 독학이 가능하도록 초급 수준에서 익혀야 할 어법을 마스터하는 데 최대한 중점을 두었습니다.

1. 초보자가 알아야 할 기본적인 문법만 익힙니다

이 책은 일본어를 처음 배우거나, 배우다가 중도에 포기하신 학습자를 위한 신개념 왕초보 첫걸음 책입니다. 일본어 초급자가 반드시 알아야 할 기초문법에 근거하여 활용어(동사, 형용사, 형용동사 등)를 중심으로 차근차근 학습할 수 있도록 단계별로 구성하였습니다. 따라서 이 책은 일본어 문장을 이해하고 만드는 데 꼭 필요한 기본적인 어법 활용을 아주 쉬운 예문으로 정리해 두었습니다.

2. 간단한 문법 설명과 문장을 문형화하여 체계적으로 기억합니다

기본 문장에 들어가기 전에 문법 설명을 두어 먼저 일본어 문장을 이해하는 데 도움이 되도록 하였습니다. 또한 일본어 각 품사의 어미활용을 문형으로 공식화하여 긍정문과 부정문, 의문문 등 변형된 문장의 형식들을 쉽게 이해할 수 있도록 했습니다.

3. 일본인 발음을 통해 정확한 발음을 익힙니다

일본어 발음은 음절 수가 별로 많지 않기 때문에 비교적 다른 외국어에 비해 쉽다고 할 수 있습니다. 하지만 정확한 발음은 일본인의 녹음을 반복해서 듣는 것이 제일입니다. 이 책에서는 한글로 발음을 표기해두었으나, 어디까지나 이것은 독자의 이해를 돕기 위한 것이므로 전적으로 이것에만 의존해서는 안 됩니다.

4. 일본어 첫걸음, 쓰면서 배울 수 있습니다

이 책은 일본어의 기본서이자 곧 연습노트이기도 합니다. 일본어 공부는 쓰기로 완성된다는 말도 있는 것처럼 쓰기는 굉장히 중요합니다. 각 유닛의 맞쪽에 있는 쓰기노트를 충분히 활용하시기 바랍니다. 보고 듣고 쓰고 말하기를 꾸준히 반복하다 보면 다양한 문장 유형들을 빠르게 익힐 수 있고, 읽기 능력과 쓰기 능력도 함께 향상됩니다. 베껴 쓰기로 시작된 일본어는 어느새 수동적인 일본어 학습자를 능동적인 일본어 학습자로 바꾸어 자기의 생각을 자연스럽게 일본어로 표현하게 할 것입니다.

이 책 의 내 용

PART 04 접속표현과 과거형

PART 05

동사의 て형

PART 06

부정표현과 요구표현

🔊 히라가나와 카타카나

일본어 문자 표기에는 히라가나, 카타카나, 한자, 이 세 가지를 병용해서 사용합니다. 히라가나는 인쇄나 필기 등의 모든 표기에 쓰이는 기본 문자이며, 카타카나는 주로 외래어를 표기할 때 사용합니다. *카타카나는 별색으로 표시하였습니다.

あ ア 아 a	い イ 이 i	う ウ 우 u	え エ 에 e	お オ 오 o
か カ 카 ka	き キ 키 ki	く ク 쿠 ku	け ケ 케 ke	こ コ 코 ko
さ サ 사 sa	し シ 시 si	す ス 스 su	せ セ 세 se	そ ソ 소 so
た タ 타 ta	ち チ 치 chi	つ ツ 츠 tsu	て テ 테 te	と ト 토 to
な ナ 나 na	に ニ 니 ni	ぬ ヌ 누 nu	ね ネ 네 ne	の ノ 노 no
は ハ 하 ha	ひ ヒ 히 hi	ふ フ 후 hu	へ ヘ 헤 he	ほ ホ 호 ho
ま マ 마 ma	み ミ 미 mi	む ム 무 mu	め メ 메 me	も モ 모 mo
や ヤ 야 ya		ゆ ユ 유 yu		よ ヨ 요 yo
ら ラ 라 ra	り リ 리 ri	る ル 루 ru	れ レ 레 re	ろ ロ 로 ro
わ ワ 와 wa				を ヲ 오 o
ん ン 응 n,m,ng				

🔊 탁음과 반탁음

か さ た は행의 글자 오른쪽 윗부분에 탁점(゛)을 붙인 음을 탁음이라고 하며, 반탁음은 は행의
오른쪽 윗부분에 반탁점(゜)을 붙인 것을 말합니다.

が ガ 가 ga	ぎ ギ 기 gi	ぐ グ 구 gu	げ ゲ 게 ge	ご ゴ 고 go
ざ ザ 자 za	じ ジ 지 zi	ず ズ 즈 zu	ぜ ゼ 제 ze	ぞ ゾ 조 zo
だ ダ 다 da	ぢ ヂ 지 zi	づ ヅ 즈 zu	で デ 데 de	ど ド 도 do
ば バ 바 ba	び ビ 비 bi	ぶ ブ 부 bu	べ ベ 베 be	ぼ ボ 보 bo
ぱ パ 파 pa	ぴ ピ 피 pi	ぷ プ 푸 pu	ぺ ペ 페 pe	ぽ ポ 포 po

🔊 발음

ん은 단어의 첫머리에 올 수 없으며 항상 다른 글자 뒤에 쓰여 우리말의 받침과 같은 구실을 합니
다. ん 다음에 오는 글자의 영향에 따라 다음과 같은 소리가 납니다.

ㅇ ん(ン) 다음에 か が행의 글자가 이어지면 「ㅇ」으로 발음한다.
    えんき [엥끼] 연기   **ミンク** [밍쿠] 밍크

ㄴ ん(ン) 다음에 さ ざ た だ な ら행의 글자가 이어지면 「ㄴ」으로 발음한다.
    かんし [간시] 감시   **はんたい** [한따이] 반대
    ヒント [힌토] 힌트   **パンダ** [판다] 팬더

ㅁ ん(ン) 다음에 ま ば ぱ행의 글자가 이어지면 「ㅁ」으로 발음한다.
    あんま [암마] 안마   **テンポ** [템포] 템포

ㅇ ん(ン) 다음에 あ は や わ행의 글자가 이어지면 「ㄴ」과 「ㅇ」의 중간음으로 발음한다.
또한 단어 끝에 ん이 와도 마찬가지이다.
    れんあい [렝아이] 연애   **にほん** [니홍] 일본

🔊 요음

요음이란 い단 글자 중 자음에 반모음의 작은 글자 ゃゅょ를 붙인 음으로 우리말의 ㅑ ㅠ ㅛ 같은 역할을 합니다.

きゃ キャ 캬 kya	きゅ キュ 큐 kyu	きょ キョ 쿄 kyo
しゃ シャ 샤 sha(sya)	しゅ シュ 슈 shu(syu)	しょ ショ 쇼 sho(syo)
ちゃ チャ 챠 cha(tya)	ちゅ チュ 츄 chu(tyu)	ちょ チョ 쵸 cho(tyo)
にゃ ニャ 냐 nya	にゅ ニュ 뉴 nyu	にょ ニョ 뇨 nyo
ひゃ ヒャ 햐 hya	ひゅ ヒュ 휴 hyu	ひょ ヒョ 효 hyo
みゃ ミャ 먀 mya	みゅ ミュ 뮤 myu	みょ ミョ 묘 myo
りゃ リャ 랴 rya	りゅ リュ 류 ryu	りょ リョ 료 ryo
ぎゃ ギャ 갸 gya	ぎゅ ギュ 규 gyu	ぎょ ギョ 교 gyo
じゃ ジャ 쟈 zya(ja)	じゅ ジュ 쥬 zyu(ju)	じょ ジョ 죠 zyo(jo)
びゃ ビャ 뱌 bya	びゅ ビュ 뷰 byu	びょ ビョ 뵤 byo
ぴゃ ピャ 퍄 pya	ぴゅ ピュ 퓨 pyu	ぴょ ピョ 표 pyo

◀》 촉음

촉음은 つ를 작을 글자 っ로 표기하며 뒤에 오는 글자의 영향에 따라 우리말 받침의 ㄱ ㅅ ㄷ ㅂ으로 발음합니다.

ㄱ 촉음인 っ(ッ) 다음에 か き く け こ가 이어지면 「ㄱ」으로 발음한다.

けっか [겍까] 결과   **サッカー** [삭카ー] 사커, 축구

ㅅ 촉음인 っ(ッ) 다음에 さ し す せ そ가 이어지면 「ㅅ」으로 발음한다.

さっそく [삿소꾸] 속히, 재빨리   **クッション** [쿳숑] 쿠션

ㅂ 촉음인 っ(ッ) 다음에 ぱ ぴ ぷ ぺ ぽ가 이어지면 「ㅂ」으로 발음한다.

いっぱい [입빠이] 가득   **ヨーロッパ** [요ー롭파] 유럽

ㄷ 촉음인 っ(ッ) 다음에 た ち つ て と가 이어지면 「ㄷ」으로 발음한다.

きって [긷떼] 우표   **タッチ** [탇치] 터치

*이 책에서는 ㄷ으로 발음하는 경우는 편의상 ㅅ으로 표기하였다.

◀》 장음

장음이란 같은 모음이 중복될 때 앞의 발음을 길게 발음하는 것을 말합니다. 카타카나에서는 장음부호를 ー로 표기합니다.

あ あ단에 모음 あ가 이어질 경우 뒤의 모음인 あ는 장음이 된다.

おかあさん [오까ー상] 어머니   **スカート** [스카ー토] 스커트

い い단에 모음 い가 이어질 경우 뒤의 모음인 い는 장음이 된다.

おじいさん [오지ー상] 할아버지   **タクシー** [타쿠시ー] 택시

う う단에 모음 う가 이어질 경우 뒤의 모음인 う는 장음이 된다.

くうき [쿠ー끼] 공기   **スーパー** [스ー파ー] 슈퍼

え え단에 모음 え나 い가 이어질 경우 뒤의 모음인 え와 い는 장음이 된다.

おねえさん [오네ー상] 누님, 누나   **えいが** [에ー가] 영화

お お단에 모음 お나 う가 이어질 경우 뒤의 모음인 お와 う는 장음이 된다.

こおり [코ー리] 얼음   **とうふ** [토ー후] 두부

PART 01

단정과 존재의 표현

긍정 표현

부정 표현

과거 표현

부정과거 표현

기초 일본어 문법

단정의 표현

▶ ~は ~です

~です는 우리말의 '~입니다'에 해당하는 말로 명사 및 그에 준하는 말에 접속하여 정중하게 단정을 나타냅니다. 여기서 は는 우리말의 '~은(는)'에 해당하는 조사로 명사에 접속하여 주제에 대한 설명을 합니다. 본래의 발음은 ha(하)이지만 조사로 쓰일 때는 반드시 wa(와)로 발음합니다.

これは本です。 이것은 책입니다.

▶ ~ですか

~です에 의문이나 질문을 나타내는 종조사 か를 접속한 ~ですか는 우리말의 '~입니까'의 뜻이 되며, 의문문에는 ?로 표기하지 않고 마침표인 '。'를 쓴다는 점이 우리 표기법과 차이가 있습니다.

これは本ですか。 이것은 책입니까?

▶ ~では(じゃ) ありません

~ではありません은 정중한 단정을 나타내는 ~です의 부정형으로 우리말의 '~이(가) 아닙니다'의 뜻으로 단정을 정중하게 부정하는 표현입니다. 의문이나 질문을 나타내는 종조사 か를 접속하면 '~이(가) 아닙니까?'의 뜻이 됩니다. ~ではありません의 では는 회화체에 흔히 じゃ로 줄여서 ~じゃありません으로 말합니다.

これは本では(じゃ)ありません。 이것은 책이 아닙니다.

▶ ~でした

~でした는 우리말의 '~이었습니다'로 해석되며, 정중한 단정을 나타내는 ~です에 과거·완료를 나타내는 た가 접속된 형태입니다.

それは本でした。 그것은 책이었습니다.

▶ ~では(じゃ) ありませんでした

~ではありませんでした는 '~이(가) 아니었습니다'의 뜻으로 ~ではありません에 ~です의 과거형인 ~でした가 접속된 형태입니다.

それは本では(じゃ)ありませんでした。 그것은 책이 아니었습니다.

존재의 표현

▶ あります

あります는 사물이나 식물 등, 동작성이 없는 것의 존재를 나타낼 때 쓰이는 말로 우리말의 '있습니다'에 해당합니다. 그러나 **います**는 **あります**와 마찬가지로 존재를 나타내는 점에서는 동일하지만, 동작성이 있는 사람이나 동물 등 생물의 존재를 나타낼 때 쓰입니다. 이처럼 우리말에는 존재를 나타내는 말이 하나밖에 없지만, 일본어에는 두 가지 표현이 있습니다.

> **ここに本があります。** 여기에 책이 있습니다.
>
> **ここに猫がいます。** 여기에 고양이가 있습니다.

▶ ありません

ありません은 사물의 존재를 나타내는 **あります**의 부정형으로 우리말의 '없습니다'의 뜻입니다. 동작성이 있는 생물의 존재를 나타내는 **います**의 부정형은 **いません**(없습니다)입니다.

> **ここに本はありません。** 여기에 책은 없습니다.
>
> **ここに猫はいません。** 여기에 고양이는 없습니다.

▶ ありました

ありました는 무생물의 존재를 나타내는 **あります**의 과거형으로 우리말의 '있었습니다'이고, いました는 생물의 존재를 나타내는 **います**의 과거형으로 '있었습니다'의 뜻입니다. 즉, **ます**에 과거·완료를 나타내는 **た**가 접속된 형태입니다.

> **あそこに本がありました。** 거기에 책이 있었습니다.
>
> **あそこに猫がいました。** 거기에 고양이가 있었습니다.

▶ ありませんでした

ありませんでした는 **あります**의 부정형인 **ありません**에 **です**의 과거형인 **でした**가 접속된 형태로 우리말의 '없었습니다'에 해당합니다. **いませんでした**는 **います**의 부정형인 **いません**에 でした가 접속된 형태로 우리말의 '없었습니다'에 해당합니다.

~です
~입니다

 의미 확인하면서 읽기

듣기

이것은 책입니다.

これは本です。

고레와 혼데스

~は ~은(는) *조사로 쓰일 때는'하'가 아니라 '와'로 발음한다

저것은 연필입니다.

あれは鉛筆です。

아레와 엠피쯔데스

~です ~입니다

나는 학생입니다.

私は学生です。

와따시와 각세-데스

이것은 무엇입니까?

これは何ですか。

고레와 난데스까

~ですか ~입니까

저것은 책상입니까?

あれは机ですか。

아레와 쓰꾸에데스까

~ですか로 물을 경우 의문부호(?)를 붙이지 않는다

당신은 일본인입니까?

あなたは日本人ですか。

아나따와 니혼진데스까

세 번 쓰고 외우기

말하기

✎ これは本です。

✎ あれは鉛筆です。

✎ 私は学生です。

✎ これは何ですか。

✎ あれは机ですか。

✎ あなたは日本人ですか。

Conversation

A: これは何ですか。
B: それはボールペンです。
이것은 무엇입니까?
그것은 볼펜입니다.

21

002 ~ではありません
~이(가) 아닙니다

 의미 확인하면서 읽기

 듣기

이것은 스마트폰이 아닙니다.

これはスマホではありません。
고레와 스마호데와 아리마셍

スマホは スマートホンの 줄임말

그것은 노트북이 아닙니다.

それはノートブックではありません。
소레와 노-토북쿠데와 아리마셍

이것은 나이프가 아닙니다.

これはナイフじゃありません。
고레와 나이후쟈 아리마셍

~ではありません은 줄여서 ~じゃありません으로 말한다

이것은 텔레비전이 아닙니까?

これはテレビではありませんか。
고레와 테레비데와 아리마셍까

의문이나 질문을 나타내는 종조사 か를 접속하면 의문문이 된다

저것은 버스가 아닙니까?

あれはバスではありませんか。
아레와 바스데와 아리마셍까

이것은 전자계산기가 아닙니까?

これは電卓じゃありませんか。
고레와 덴타꾸쟈 아리마셍까

세 번 쓰고 외우기

✏ これはスマホではありません。

_____

✏ それはノートブックではありません。

_____

✏ これはナイフじゃありません。

_____

✏ これはテレビではありませんか。

_____

✏ あれはバスではありませんか。

_____

✏ これは電卓じゃありませんか。

_____

Conversation

A: あれはタクシーですか。

B: いいえ、あれはタクシーじゃありません。

저것은 택시입니까?
아니오, 저것은 택시가 아닙니다.

~の~ / ~のです
~의 / ~의 것입니다

의미 확인하면서 읽기

이것은 내 볼펜입니다

これは私のボールペンです。

고레와 와따시노 보-루펜데스

の는 명사와 명사를 연결하는 조사로 '~의' 뜻이다

당신 우산은 어느 것입니까?

あなたの傘はどれですか。

아나따노 카사와 도레데스까

*우리말에서는 '~의'가 생략되는 경우가 많지만

저것은 누구 모자입니까?

あれは誰の帽子ですか。

아레와 다레노 보-시데스까

일본어에서는 반드시 명사와 명사 사이에 の로 연결한다

저것은 내 가방이 아닙니다.

あれは私のかばんではありません。

아레와 와따시노 가반데와 아리마셍

이 책은 내 것이 아닙니다.

この本は私のではありません。

고노 홍와 와따니노데와 아리마셍

の는 명사 대용으로 쓰일 때는 '~의 것'이라는 뜻이 된다

그것은 내 것이고, 저것은 선생님 것입니다.

それは私ので、あれは先生のです。

소레와 와따시노데, 아레와 센세-노데스

で는 です의 중지형으로 문장을 중지거나 열거할 때 쓰인다

세 번 쓰고 외우기

말하기

✎ これは私のボールペンです。

✎ あなたの傘はどれですか。

✎ あれは誰の帽子ですか。

✎ あれは私のかばんではありません。

✎ この本は私のではありません。

✎ それは私ので、あれは先生のです。

Conversation

A: あの車はあなたのですか。

B: いいえ、私のではありません。

저 차는 당신 것입니까?

아니오, 내 것이 아닙니다.

~でした
~이었습니다

의미 확인하면서 읽기

듣기

어제는 선생님의 생일이었습니다.

昨日は先生のお誕生日でした。
きのう　せんせい　　　　　たんじょうび

기노-와 센세-노 오딴죠-비데시다

でした는 정중한 단정을 나타내는 です의 과거형이다

어제는 금요일이었습니다.

昨日は金曜日でした。
きのう　きんようび

기노-와 킹요-비데시다

이 빌딩은 전에는 병원이었습니다.

このビルは前は病院でした。
まえ　びょういん

고노 비루와 마에와 뵤-인데시다

ビル는 ビルディング(빌딩)의 준말

어제는 며칠이었습니까?

昨日は何日でしたか。
きのう　なんにち

기노-와 난니찌데시다까

입학식은 무슨 요일이었습니까?

入学式は何曜日でしたか。
にゅうがくしき　なんようび

뉴-가꾸시끼와 낭요-비데시다까

요시무라 씨, 어제는 쉬는 날이었습니까?

吉村さん、昨日は休みの日でしたか。
よしむら　　　きのう　やす　　ひ

요시무라상, 기노-와 야스미노 히데시다까

세 번 쓰고 외우기

✎ 昨日は先生のお誕生日でした。

✎ 昨日は金曜日でした。

✎ このビルは前は病院でした。

✎ 昨日は何日でしたか。

✎ 入学式は何曜日でしたか。

✎ 吉村さん、昨日は休みの日でしたか。

Conversation

A: 昨日は何日でしたか。
B: 昨日は14日でした。
어제는 며칠이었습니까?
어제는 14일이었습니다.

27

005 ~ではありませんでした
~이(가) 아니었습니다

의미 확인하면서 읽기

어제는 쉬는 날이 아니었습니다.

昨日は休みの日ではありませんでした。
きのう　やす　　ひ

기노-와 야스미노 히데와 아리마센데시다

ではありません에 でした를 붙이면 과거부정이 된다

그제는 국경일이 아니었습니다.

一昨日は祝日ではありませんでした。
おととい　しゅくじつ

오토또이와 슈꾸지쯔데와 아리마센데시다

어제는 비가 오지 않았습니다.

昨日は雨じゃありませんでした。
きのう　あめ

기노-와 아메쟈 아리마센데시다

흔히 회화체에서 では는 줄여서 じゃ로 쓴다

당신은 샐러리맨이 아니었습니까?

あなたはサラリーマンではありませんでしたか。

아나따와 사라리-만데와 아리마센데시다까

옛날에 저기는 백화점이 아니었습니까?

昔、あそこはデパートじゃありませんでしたか。
むかし

무까시, 아소꼬와 데파-토쟈 아리마센데시다까

여기는 역이 아니었습니까?

ここは駅じゃありませんでしたか。
えき

고꼬와 에끼쟈 아리마센데시다까

ここ 여기 / そこ 거기 / あそこ 저기 / どこ 어디

28

세 번 쓰고 외우기

말하기

✎ 昨日は休みの日ではありませんでした。

✎ 一昨日は祝日ではありませんでした。

✎ 昨日は雨じゃありませんでした。

✎ あなたはサラリーマンではありませんでしたか。

✎ 昔、あそこはデパートじゃありませんでしたか。

✎ ここは駅じゃありませんでしたか。

Conversation

A: 木村さんとの約束は3時でしたか。
B: いいえ、3時じゃありませんでした。4時でした。

기무라씨와의 약속은 3시였습니까?
아니오, 3시가 아니었습니다. 4시였습니다.

006 あります/います

있습니다

 의미 확인하면서 읽기

 듣기

사과는 테이블 위에 있습니다.

りんごはテーブルの上にあります。

링고와 테-부루노 우에니 아리마스

무생물의 존재를 나타낼 때는 あります를 쓴다

과일은 바구니 안에 있습니다.

果物はかごの中にあります。

구다모노와 카고노 나까니 아리마스

~には 장소를 나타내는 조사로 '~에'의 뜻이다

컴퓨터는 어디에 있습니까?

コンピューターはどこにありますか。

콤퓨-타-와 도꼬니 아리마스까

운동장에는 어린이들이 있습니다.

運動場には子供たちがいます。

운도-죠-니와 코도모타찌가 이마스

~たちは 복수를 나타내는 말로 '~들'에 해당한다

우리집 정원에는 강아지가 있습니다.

うちの庭には子犬がいます。

우찌노 니와니와 코이누가 이마스

います는 생물의 존재를 나타낼 때 사용한다

방 안에는 누가 있습니까?

部屋の中には誰がいますか。

헤야노 나까니와 다레가 이마스까

~には ~에는

세 번 쓰고 외우기

 말하기

✏ りんごはテーブルの上にあります。

✏ 果物はかごの中にあります。

✏ コンピューターはどこにありますか。

✏ 運動場には子供たちがいます。

✏ うちの庭には子犬がいます。

✏ 部屋の中には誰がいますか。

Conversation

A: テーブルの上には何がありますか。

B: バナナとりんごがあります。

테이블 위에는 무엇이 있습니까?
바나나와 사과가 있습니다.

의미 확인하면서 읽기

듣기

책상 위에는 아무것도 없습니다.

机の上には何もありません。

쓰꾸에노 우에니와 나니모 아리마셍

ありますの부정형은 ありません이다

가방 속에 수첩은 없습니다.

かばんの中に手帳はありません。

가반노 나까니 데쬬-와 아리마셍

장롱 속에 바지는 없습니까?

たんすの中にズボンはありませんか。

단스노 나까니 즈봉와 아리마셍까

교실 안에는 아무도 없습니다.

教室の中には誰もいません。

쿄-시쯔노 나까니와 다레모 이마셍

いますの부정형은 いません이다

개와 고양이는 어디에도 없습니다.

犬と猫はどこにもいません。

이누또 네꼬와 도꼬니모 이마셍

~と ~와(과)

방에는 아무도 없습니까?

部屋には誰もいませんか。

헤야니와 다레모 이마셍까

なにも 아무 것도 / だれも 아무도 / どこにも 어디에도, 아무데도

세 번 쓰고 외우기

✎ 机の上には何もありません。

✎ かばんの中に手帳はありません。

✎ たんすの中にズボンはありませんか。

✎ 教室の中には誰もいません。

✎ 犬と猫はどこにもいません。

✎ 部屋には誰もいませんか。

Conversation

A: 中村さんは事務所にいますか。

B: いいえ、事務所にはいません。外出中です。

나카무라씨는 사무실에 있습니까?
아니오, 사무실에는 없습니다. 외출중입니다.

008　ありました/いました

있었습니다

의미 확인하면서 읽기

듣기

쓰레기통은 의자 밑에 있었습니다.

ゴミ箱は椅子の下にありました。

고미바고와 이스노 시따니 아리마시다

ありますの 과거형은 ありました이다

노트는 책상 위에 있었습니까?

ノートは机の上にありましたか。

노-토와 쓰꾸에노 우에니 아리마시다까

가방 속에는 무엇이 있었습니까?

かばんの中には何がありましたか。

가반노 나까니와 나니가 아리마시다까

교실 안에 나카무라 선생님이 있었습니다.

教室の中に中村先生がいました。

쿄-시쯔노 나까니 나까무라 센세-가 이마시다

いますの 과거형은 いました이다

연못 안에는 금붕어가 있었습니까?

池の中には金魚がいましたか。

이께노 나까니와 킹교가 이마시다까

거기에는 누구와 누가 있었습니까?

あそこには誰と誰がいましたか。

아소꼬니와 다레또 다레가 이마시다까

말하기

ゴミ箱は椅子の下にありました。

ノートは机の上にありましたか。

かばんの中には何がありましたか。

教室の中に中村先生がいました。

池の中には金魚がいましたか。

あそこには誰と誰がいましたか。

Conversation

A: あなたの時計はどこにありましたか。

B: 田中さんの机の上にありました。

당신 시계는 어디에 있었습니까?
다나카 씨 책상 위에 있었습니다.

009 ありませんでした/いませんでした

없었습니다

의미 확인하면서 읽기

듣기

가방 안에는 아무것도 없었습니다.

かばんの中には何もありませんでした。

가반노 나까니와 나니모 아리마센데시다

ありません에 でした를 접속하면 과거부정이 된다

볼펜은 어디에도 없었습니다.

ボールペンはどこにもありませんでした。

보-루펭와 도꼬니모 아리마센데시다

거기에는 아무것도 없었습니까?

あそこには何もありませんでしたか。

아소꼬니와 나니모 아리마센데시다까

기무라 씨는 회사에도 없었습니다.

木村さんは会社にもいませんでした。

기무라상와 카이샤니모 이마센데시다

いません에 でした를 접속하면 과거부정이 된다

정원에는 고양이도 개도 없었습니다.

庭には猫も犬もいませんでした。

니와니와 네꼬모 이누모 이마센데시다

거기에는 아무도 없었습니까?

あそこには誰もいませんでしたか。

아소꼬니와 다레모 이마센데시다까

세 번 쓰고 외우기

 말하기

✏ かばんの中には何もありませんでした。

✏ ボールペンはどこにもありませんでした。

✏ あそこには何もありませんでしたか。

✏ 木村さんは会社にもいませんでした。

✏ 庭には猫も犬もいませんでした。

✏ あそこには誰もいませんでしたか。

Conversation

A: あそこに吉村さんもいましたか。
B: いいえ、あそこに吉村さんはいませんでした。

거기에 요시무라 씨도 있었습니까?
아니오, 거기에 요시무라 씨는 없었습니다.

010 ~しかありません/いません

~밖에 없습니다

 의미 확인하면서 읽기

 듣기

배는 두 개밖에 없습니다.

りんごは二つしかありません。

링고와 후타쯔시까 아리마셍

しかは '~밖에, 뿐'의 뜻으로 한정을 나타내는 조사이다

바구니 안에는 토마토밖에 없습니다.

かごの中にはトマトしかありません。

카고노 나까니와 토마토시까 아리마셍

바나나는 이것밖에 없었습니까?

バナナはこれしかありませんでしたか。

바나나와 고레시까 아리마센데시다까

방에는 침대밖에 없습니다.

部屋にはベッドしかありません。

헤야니와 벳도시까 아리마셍

돈은 이것밖에 없습니까?

お金はこれしかありませんか。

오까네와 고레시까 아리마셍까

남자는 한 명밖에 없었습니다.

男の子は一人しかいませんでした。

오토꼬노꼬와 히또리시까 이마센데시다

ひとり(一人) 한 사람

세 번 쓰고 외우기

✎ りんごは二つしかありません。

✎ かごの中にはトマトしかありません。

✎ バナナはこれしかありませんでしたか。

✎ 部屋にはベッドしかありません。

✎ お金はこれしかありませんか。

✎ 男の子は一人しかいませんでした。

Conversation

A: 冷蔵庫（れいぞうこ）にりんごはたくさんありますか。

B: いいえ、全部（ぜんぶ）で3個（こ）しかありません。

냉장고에 사과는 많이 있습니까?
아니오, 전부해서 3개밖에 없습니다.

PART 02

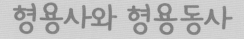

형용사와 형용동사

기본형

연체형

정중형

기초 일본어 문법

형용사

일본어의 형용사는 활용이 있는 자립어로써 사물의 성질과 상태를 나타냅니다. 단, 우리말 형용사와는 달리 의미로 분류하지 않고, 어미의 형태로 분류하는 점이 다르며, 일본어의 형용사는 모든 어미가 い로 끝납니다.

赤い _{あか} 빨갛다   **寒い** _{さむ} 춥다

易しい _{やさ} 쉽다   **明るい** _{あか} 밝다

▶ 기본형

어미가 い로 끝나는 형용사는 그 자체로 문장을 끝맺기도 합니다. 또한 뒤의 명사를 수식할 때도 어미 い의 기본형 상태를 취합니다. 즉, 우리말에서는 어미가 '~하다'가 '~한'으로 변하여 뒤의 명사를 수식하지만, 일본어에서는 어미 변화가 없습니다.

日本語はとても易しい。 일본어는 매우 쉽다.

とても易しい日本語です。 매우 쉬운 일본어입니다.

▶ 정중형

형용사의 기본형은 보통체로 '~하다'의 뜻이지만, 기본형에 ~です를 접속하면 '~합니다'의 뜻으로 상태를 정중하게 표현합니다. 질문을 할 때는 질문을 나타내는 か를 접속하면 됩니다.

日本語は易しいです。 일본어는 쉽습니다.

日本語は易しくありません。
일본어는 쉽지 않습니다.

日本語は易しくありませんでした。
일본어는 쉽지 않았습니다.

日本語は易しくて、英語は難しいです。
일본어는 쉽고, 영어는 어렵습니다.

형용동사

일본어의 형용사는 형태상 기본형의 어미가 い인 경우와 だ인 경우가 있습니다. 어미가 だ인 경우는 형용동사로 앞서 배운 형용사와 어미의 형태가 다를 뿐 상태를 나타내는 점에 있어서는 동일합니다. 단, 형용동사는 명사적인 성질이 강하며, 우리말의 '명사＋하다'와 마찬가지로 상태를 나타낼 경우에는 대부분 일본어의 형용동사에 해당합니다.

静(しず)かだ 조용하다 綺麗(きれい)だ 깨끗하다

真面目(まじめ)だ 성실하다 有名(ゆうめい)だ 유명하다

▶ 기본형과 연체형

어미가 だ로 끝나는 형용동사는 그 자체로 문장을 끝맺기도 합니다. 그러나 뒤의 명사를 수식할 때 앞서 배운 형용사에서는 어미 변화가 없었지만, 형용동사는 어미 だ가 な로 바뀝니다.

この公園(こうえん)はとても静(しず)かだ。 이 공원은 매우 조용하다.

とても静(しず)かな公園(こうえん)ですね。 매우 조용한 공원이군요.

▶ 정중형

형용동사의 기본형은 보통체로 '~하다'의 뜻이지만, 기본형에 です를 접속하면 '~합니다'의 뜻으로 상태를 정중하게 나타냅니다. 질문을 할 때는 종조사 か를 접속하면 됩니다.

この公園(こうえん)は静(しず)かです。 이 공원은 조용합니다.

この公園(こうえん)は静(しず)かではありません。
이 공원은 조용하지 않습니다.

この公園(こうえん)は静(しず)かでした。
이 공원은 조용했습니다.

この公園(こうえん)は静(しず)かではありませんでした。
이 공원은 조용하지 않았습니다.

この公園(こうえん)は静(しず)かで、交通(こうつう)も便利(べんり)です。
이 공원은 조용하고, 교통도 편합니다.

011 (형용사)~いです
~합니다

의미 확인하면서 읽기

여기 겨울은 무척 춥다.

ここの冬はとても寒い。

고꼬노 후유와 도떼모 사무이

일본어 형용사의 기본형 어미는 いい이다

저 빌딩은 높습니다.

あのビルは高いです。

아노 비루와 다까이데스

형용사의 기본형에 です를 접속하면 정중한 표현이 된다

비행기는 매우 빠릅니다.

飛行機はとても速いです。

히코-끼와 도떼모 하야이데스

↔ 遅(おそ)い 늦다

저 가방은 무겁습니까?

あのかばんは重いですか。

아노 카방와 오모이데스까

ですか를 접속하면 의문문이 된다

당신 회사는 가깝습니까?

あなたの会社は近いですか。

아나따노 카이샤와 치까이데스까

↔ 遠(とお)い 멀다

저 선글라스는 쌉니까?

あのサングラスは安いですか。

아노 상구라스와 야스이데스까

↔ 高(たか)い (값이) 비싸다

말하기

✎ ここの冬はとても寒い。

✎ あのビルは高いです。

✎ 飛行機はとても速いです。

✎ あのかばんは重いですか。

✎ あなたの会社は近いですか。

✎ あのサングラスは安いですか。

Conversation

A: あのセーターは高<ruby>高<rt>たか</rt></ruby>いですか。

B: はい、あのセーターは少<ruby>少<rt>すこ</rt></ruby>し高<ruby>高<rt>たか</rt></ruby>いです。

저 스웨터는 비쌉니까?
네, 저 스웨터는 조금 비쌉니다.

012 (형용사)~い + 명사

~한 것(명사)

 의미 확인하면서 읽기

 듣기

이것은 새 구두입니다.

これは新しい靴です。

고레와 아따라시- 구쯔데스

형용사가 뒤의 명사를 수식할 때는 기본형 상태를 취한다

당신 우산은 빨간 것입니까?

あなたの傘は赤いのですか。

아나따노 카사와 아까이노데스까

白(しろ)い 하얗다 / 黒(くろ)い 검다 / 黄色(きいろ)い 노랗다

내 것은 파란 모자가 아닙니다.

私のは青い帽子ではありません。

와따시노와 아오이 보-시데와 아리마셍

그것은 재미있는 만화입니까?

それは面白い漫画ですか。

소레와 오모시로이 망가데스까

↔ つまらない 재미없다, 시시하다

당신 연필은 긴 것입니까?

あなたの鉛筆は長いのですか。

아나따노 엠피쯔와 나가이노데스까

↔ 短(みじか)い 짧다

그 빨간 장미는 얼마입니까?

その赤いバラはいくらですか。

소노 아까이 바라와 이꾸라데스까

세 번 쓰고 외우기

 말하기

✏ これは新しい靴です。

✏ あなたの傘は赤いのですか。

✏ 私のは青い帽子ではありません。

✏ それは面白い漫画ですか。

✏ あなたの鉛筆は長いのですか。

✏ その赤いバラはいくらですか。

Conversation

A: それは面白い本ですか。

B: いいえ、これは面白い本ではありません。

그것은 재미있는 책입니까?

아니오, 이것은 재미있는 책이 아닙니다.

(형용사)~くありません
~하지 않습니다

 의미 확인하면서 읽기

이 과자는 맛있지 않습니다.
このお菓子はおいしくありません。
고노 오까시와 오이시꾸 아리마셍

형용사-いです의 부정형은 형용사-くありません이다

올 여름은 덥지 않습니다.
今年の夏は暑くありません。
고또시노 나쯔와 아쯔꾸 아리마셍

↔ 寒(さむ)い 춥다

일본어는 그다지 어렵지 않습니다.
日本語はあまり難しくありません。
니홍고와 아마리 무즈까시꾸 아리마셍

あまり는 뒤에 부정어가 오면 '그다지, 별로'의 뜻이 된다

이 수학 문제는 쉽지 않습니다.
この数学の問題は易しくありません。
고노 스-가꾸노 몬다이와 야사시꾸 아리마셍

이 텔레비전은 비싸지 않습니까?
このテレビは高くありませんか。
고노 테레비와 다카꾸 아리마셍까

高い 높다, (값이) 비싸다, (키가) 크다

당신 나라의 겨울은 춥지 않습니까?
あなたの国の冬は寒くありませんか。
아나따노 쿠니노 후유와 사무꾸 아리마셍까

말하기

このお菓子はおいしくありません。

今年の夏は暑くありません。

日本語はあまり難しくありません。

この数学の問題は易しくありません。

このテレビは高くありませんか。

あなたの国の冬は寒くありませんか。

Conversation

A: その漫画は面白いですか。
B: いいえ、この漫画は面白くありません。

그 만화는 재미있습니까?
아니오, 이 만화는 재미있지 않습니다.

014 (형용사)~くは[も]ありません

~하지는[도] 않습니다

 의미 확인하면서 읽기

 듣기

이 맥주는 차갑지는 않습니다.

このビールは冷たくはありません。

고노 비-루와 쓰메따꾸와 아리마셍

~くはありません ~하지는 않습니다(강조)

저 백화점은 크지는 않습니다.

あのデパートは大きくはありません。

아노 데파-토와 오-키꾸와 아리마셍

↔ 小(ちい)さい 작다

내 차는 새롭지는 않습니다.

私の車は新しくはありません。

와따시노 구루마와 아따라시꾸와 아리마셍

↔ 古(ふる)い 낡다, 오래되다

그 빌딩은 그다지 높지는 않습니까?

あのビルはあまり高くはありませんか。

아노 비루와 아마리 다카꾸와 아리마셍까

↔ 低(ひく)い 낮다

이 약은 달지도 쓰지도 않습니다.

この薬は甘くも苦くもありません。

고노 구스리와 아마꾸모 니가꾸모 아리마셍

~くもありません ~하지도 않습니다(강조, 열거)

이 옷은 싸지도 비싸지도 않습니다.

この洋服は安くも高くもありません。

고노 요-후꾸와 야스꾸모 다카꾸모 아리마셍

洋服 ↔ 和服(わふく) 일본 전통옷

세 번 쓰고 외우기

말하기

✏ このビールは冷たくはありません。

✏ あのデパートは大きくはありません。

✏ 私の車は新しくはありません。

✏ あのビルはあまり高くはありませんか。

✏ この薬は甘くも苦くもありません。

✏ この洋服は安くも高くもありません。

Conversation

A: 日本語は易しいですか。

B: いいえ、易しくも難しくもありません。

일본어는 쉽습니까?
아니오, 쉽지도 어렵지도 않습니다.

51

(형용사)~くありませんでした

~하지 않았습니다

015

의미 확인하면서 읽기

듣기

올 여름은 덥지 않았습니다.

今年の夏は暑くありませんでした。

고또시노 나쯔와 아쯔꾸 아리마센데시다

형용사-くありません에 でした를 접속하면 부정과거가 된다

그 영화는 재미있지 않았습니다.

あの映画は面白くありませんでした。

아노 에-가와 오모시로꾸 아리마센데시다

그 케이크는 그다지 맛있지 않았습니다.

あのケーキはあまりおいしくありませんでした。

아노 케-키와 아마리 오이시꾸 아리마센데시다

그 택시는 빠르지는 않았습니까?

あのタクシーは速くはありませんでしたか。

아노 타쿠시-와 하야꾸와 아리마센데시다까

수학 문제는 그다지 어렵지는 않았습니다.

数学の問題はあまり難しくはありませんでした。

스-가꾸노 몬다이와 아마리 무즈까시꾸와 아리마센데시다

이번 시험은 그다지 쉽지 않았습니까?

今度の試験はあまり易しくありませんでしたか。

곤도노 시껭와 아마리 야사시꾸 아리마센데시다까

52

세 번 쓰고 외우기

 말하기

✎ 今年の夏は暑くありませんでした。

✎ あの映画は面白くありませんでした。

✎ あのケーキはあまりおいしくありませんでした。

✎ あのタクシーは速くはありませんでしたか。

✎ 数学の問題はあまり難しくはありませんでした。

✎ 今度の試験はあまり易しくありませんでしたか。

| Conversation  | A: 荷物は重くありませんでしたか。
B: はい、あまり重くはありませんでした。
짐은 무겁지 않았습니까?
네, 그다지 무겁지 않았습니다. |

016

(형용동사)~です
~합니다

의미 확인하면서 읽기

이 생선은 신선합니다.

この魚は新鮮です。

고노 사까나와 신센데스

성질이나 상태 등을 나타내는 명사는 대부분 일본어에서 형용동사이다

여기 공기는 상쾌합니다.

ここの空気は爽やかです。

고꼬노 쿠-끼와 사와야까데스

형용동사의 어간에 です를 접속하면 정중한 표현이 된다

그 레스토랑 사람들은 친절합니다.

あのレストランの人たちは親切です。

아노 레스토란노 히또타찌와 신세쯔데스

↔ 不親切(ふしんせつ) 불친절

여기는 교통이 편리합니까?

ここは交通が便利ですか。

고꼬와 코-쯔-가 벤리데스까

↔ 不便(ふべん) 불편

이 백화점은 유명합니까?

このデパートは有名ですか。

고노 데파-토와 유-메-데스까

이 주택가는 조용합니까?

この住宅街は静かですか。

고노 쥬-따꾸가이와 시즈까데스까

↔ うるさい 시끄럽다

세 번 쓰고 외우기

말하기

🖊 この魚は新鮮です。
😋 😋 😋

🖊 ここの空気は爽やかです。
😋 😋 😋

🖊 あのレストランの人たちは親切です。
😋 😋 😋

🖊 ここは交通が便利ですか。
😋 😋 😋

🖊 このデパートは有名ですか。
😋 😋 😋

🖊 この住宅街は静かですか。
😋 😋 😋

Conversation

A: あのお寺は日本で有名ですか。
B: はい、日本でいちばん有名です。

저 절은 일본에서 유명합니까?
네, 일본에서 가장 유명합니다.

👂 👂 👂

017

(형용동사)~な + 명사

~한 것(명사)

의미 확인하면서 읽기

듣기

상당히 깨끗한 공원이군요.

なかなか綺麗な公園ですね。

나까나까 기레-나 코-엔데스네

형용동사가 뒤의 명사를 수식할 때는 ~な의 형태를 취한다

상당히 친절한 분이시군요.

なかなか親切な方ですね。

나까나까 신세쯔나 카따데스네

*ね는 문장 끝에 가벼운 감동을 나타내거나,

좋아하는 요리는 무엇입니까?

お好きな料理は何ですか。

오스끼나 료-리와 난데스까

상대에게 동의를 구하거나, 다짐하는 데 쓰인다 / ~요, ~군요, ~로군

잘하는 스포츠는 무엇입니까?

得意なスポーツは何ですか。

도꾸이나 스포-츠와 난데스까

상당히 조용한 아파트이군요.

なかなか静かなアパートですね。

나까나까 시즈까나 아파-토데스네

교통이 편리한 곳에 있습니다.

交通が便利な所にあります。

코-쯔-가 벤리나 도꼬로니 아리마스

세 번 쓰고 외우기

 말하기

✎ なかなか綺麗な公園ですね。

✎ なかなか親切な方ですね。

✎ お好きな料理は何ですか。

✎ 得意なスポーツは何ですか。

✎ なかなか静かなアパートですね。

✎ 交通が便利な所にあります。

Conversation

A: この<ruby>きれいな洋服<rt>ようふく</rt></ruby>は<ruby>誰<rt>だれ</rt></ruby>のですか。

B: <ruby>吉村<rt>よしむら</rt></ruby>さんのです。

이 예쁜 옷은 누구 것입니까?
요시무라 양 것입니다.

018

(형용동사)~ではありません

~하지 않습니다

의미 확인하면서 읽기

듣기

이 레스토랑은 조용하지 않습니다.

このレストランは静かではありません。

고노 레스토랑와 시즈까데와 아리마셍

고기요리는 좋아하지 않습니다.

肉料理は好きじゃありません。

니꾸료-리와 스끼쟈 아리마셍

회화체에서는 ~ではありません은 ~じゃありません으로 줄여 쓴다

저 학생은 착실하지 않습니다.

あの学生は真面目ではありません。

아노 각세-와 마지메데와 아리마셍

↔ 不真面目(ふまじめ) 불성실함

저 가수는 유명하지 않습니까?

あの歌手は有名ではありませんか。

아노 카슈와 유-메-데와 아리마셍까

이 스웨터는 화려하지 않습니까?

このセーターは派手じゃありませんか。

고노 세-타-와 하데쟈 아리마셍까

↔ 地味(じみ) 수수함

그 사람은 그다지 친절하지 않습니까?

あの人はあまり親切じゃありませんか。

아노 히또와 아마리 신세쯔쟈 아리마셍까

세 번 쓰고 외우기

말하기

✎ このレストランは静かではありません。

✎ 肉料理は好きじゃありません。

✎ あの学生は真面目ではありません。

✎ あの歌手は有名ではありませんか。

✎ このセーターは派手じゃありませんか。

✎ あの人はあまり親切じゃありませんか。

Conversation

A: このネクタイはどうですか。
B: いいですね。でもちょっと派手じゃありませんか。

이 넥타이는 어떻습니까?
좋군요, 하지만 좀 화려하지 않습니까?

59

019

(형용동사)~でした
~했습니다

의미 확인하면서 읽기

들기

시골 할머니는 건강했습니다.

田舎の祖母は元気でした。

이나까노 소보와 겡끼데시다

祖父(そふ) 할아버지

거기는 교통이 불편했습니다.

あそこは交通が不便でした。

아소꼬와 코-쯔-가 후벤데시다

です의 과거형은 でした이다

나카무라 선생님은 친절했습니다.

中村先生は親切でした。

나까무라 센-세-와 신세-쯔데시다

기무라 씨 아파트는 깨끗했습니까?

木村さんのアパートは綺麗でしたか。

기무라산노 아파-토와 기레-데시다까

그 주택가는 조용했습니까?

あの住宅街は静かでしたか。

아노 쥬-따꾸가이와 시즈까데시다까

은행까지의 교통은 편리했습니까?

銀行までの交通は便利でしたか。

깅꼬-마데노 코-쯔-와 벤리데시다까

~までの ~까지의

말하기

✎ 田舎の祖母は元気でした。

✎ あそこは交通が不便でした。

✎ 中村先生は親切でした。

✎ 木村さんのアパートはきれいでしたか。

✎ あの住宅街は静かでしたか。

✎ 銀行までの交通は便利でしたか。

Conversation

A: 吉村さんの部屋は綺麗でしたか。
B: はい、とても綺麗でした。

요시무라씨 방은 깨끗했습니까?
네, 무척 깨끗했습니다.

의미 확인하면서 읽기

미술관은 조용하지 않았습니다.

美術館は静かではありませんでした。

비쥬-쓰깡와 시즈까데와 아리마센데시다

형용동사-ではありません에 でした를 접속하면 부정과거가 된다

저 연예인은 그다지 유명하지 않았습니다.

あの芸能人はあまり有名ではありませんでした。

아노 게-노-징와 아마리 유-메-데와 아리마센데시다

그 사람은 친절하지 않았습니다.

あの人は親切じゃありませんでした。

아노 히또와 신세쯔쟈 아리마센데시다

~では는 회화에서는 흔히 じゃ로 줄여서 말한다

그 상가는 붐비지 않았습니까?

あの商店街は賑やかではありませんでしたか。

아노 쇼-뗑가이와 니기야까데와 아리마센데시다까

옛날에 이 공원은 깨끗하지 않았습니까?

昔、この公園は綺麗じゃありませんでしたか。

무까시, 고노 코-엥와 기레-쟈 아리마센데시다까

역까지의 교통은 편리하지 않았습니까?

駅までの交通は便利じゃありませんでしたか。

에끼마데노 코-쯔-와 벤리쟈 아리마센데시다까

세 번 쓰고 외우기

美術館は静かではありませんでした。

_____

あの芸能人はあまり有名ではありませんでした。

_____

あの人は親切じゃありませんでした。

_____

あの商店街は賑やかではありませんでしたか。

_____

昔、この公園は綺麗じゃありませんでしたか。

_____

駅までの交通は便利じゃありませんでしたか。

_____

Conversation

A: あの公園は綺麗でしたか。
こうえん　　　き れい

B: いいえ、あんまり綺麗ではありませんでした。
き れい

그 공원은 깨끗했습니까?
아니오, 별로 깨끗하지 않았습니다.

PART 03

동사의 종류와 활용

기본형

정중형

기초 일본어 문법

일본어 동사는 단독으로 술어가 되고, 사물의 동작이나 상태, 작용, 존재를 나타내며, 어미가 다른 말에 접속할 때 활용을 합니다. 그 특징을 보면 다음과 같습니다.

1. 일본어 동사는 우리말과 달리 의미로 분류하지 않고, 어미의 형태로 분류합니다.
2. 모든 동사의 어미는 う단으로 끝나며 9가지(うくぐすつぬぶむる)가 있습니다.
3. 모든 동사가 규칙적으로 정격활용을 하고, 불규칙적으로 활용하는 변격동사는 2가지(くる 오다, する 하다) 뿐입니다.

1 동사의 종류

(1) 5단동사

5단동사는 어미가 うくぐすつぬぶむる로 모두 9가지입니다.

泣く 울다	泳ぐ 헤엄치다	話す 이야기하다
買う 사다	待つ 기다리다	ある 있다
死ぬ 죽다	読む 읽다	遊ぶ 놀다

(2) 1단동사

1단동사는 어미가 위의 5단동사와는 달리 る 하나뿐이며, 어미 바로 앞의 음절이 い단과 え단에 속한 것을 말합니다.

▶ る 바로 앞 음절이 い단에 속한 동사(상1단동사)

見る 보다	起きる 일어나다	いる 있다
生きる 살다	似る 닮다	落ちる 떨어지다

▶ る 바로 앞 음절이 え단에 속한 동사(하1단동사)

出る 나오다	開ける 열다	寝る 잠자다
食べる 먹다	閉める 닫다	分ける 나누다

(3) 변격동사

5단동사나 1단동사처럼 정격활용을 하지 않고 변격동사 활용을 하는 동사로 아래 두 개뿐입니다.

来る 오다　　　　　　**する** 하다

2 동사의 활용

▶ 기본형

동사는 그 자체로 문장을 끝맺기도 하고, 뒤의 명사를 수식할 때도 기본형 상태를 취합니다. 우리말에서는 뒤에 명사가 오면 동사의 어미가 변하지만 일본어에서는 기본형 상태를 취합니다.

学校へ行く。 학교에 가다.　　**学校へ行く日** 학교에 가는 날

▶ 정중형

동사의 기본형은 보통체로 '~하다'의 뜻이지만, **ます**를 접속하면 '~합니다'의 뜻으로 동작이나 작용을 정중하게 표현합니다. 또한, 질문을 할 때는 종조사 **か**를 접속하면 됩니다.

기본형	의 미	정중형	의 미
行(い)く	가다	行きます	갑니다
泳(およ)ぐ	헤엄치다	泳ぎます	헤엄칩니다
待(ま)つ	기다리다	待ちます	기다립니다
乗(の)る	타다	乗ります	탑니다
言(い)う	말하다	言います	말합니다
読(よ)む	읽다	読みます	읽습니다
飛(と)ぶ	날다	飛びます	납니다
死(し)ぬ	죽다	死にます	죽습니다
話(はな)す	이야기하다	話します	이야기합니다
食(た)べる	먹다	食べます	먹습니다
来(く)る	오다	きます	옵니다
する	하다	します	합니다

021 (5단동사) ~き・ぎ・します
~합니다

 의미 확인하면서 읽기

 듣기

라디오 뉴스를 듣습니다.

ラジオのニュースを聞_ききます。

라지오노 뉴-스오 기끼마스

~を ~을(를) / 聞く 듣다

도서관에서 리포트를 씁니다.

図書館でレポートを書きます。

도쇼깐데 레포-토오 가끼마스

동사-ます ~합니다, ~하겠습니다(의지) / 書く 쓰다

여름에는 바다에서 헤엄칩니다.

夏は海で泳ぎます。

나쯔와 우미데 오요기마스

泳ぐ 헤엄치다

겉옷을 벗겠습니까?

上着を脱ぎますか。

우와기오 누기마스까

脱ぐ 벗다

친구에게 그림엽서를 부칩니다.

友達に絵葉書を出します。

도모다찌니 에하가끼오 다시마스

出す 내다, 부치다

당신은 일본어로 말합니까?

あなたは日本語で話しますか。

아나따와 니홍고데 하나시마스까

話す 이야기하다

68

말하기

ラジオのニュースを聞きます。

図書館でレポートを書きます。

夏は海で泳ぎます。

上着を脱ぎますか。

友達に絵葉書を出します。

あなたは日本語で話しますか。

Conversation

A: このバスはどこへ行きますか。
B: このバスは動物園へ行きます。

이 버스는 어디에 갑니까?
이 버스는 동물원에 갑니다.

022 (5단동사)~い・ち・ります
~합니다

 의미 확인하면서 읽기

 듣기

일본어 노래를 부릅니다.
日本語の歌を歌います。
니홍고노 우따오 우따이마스

歌を歌う 노래를 부르다

자신의 의견을 말합니다.
自分の意見を言います。
지분노 이껭오 이이마스

言う 말하다

키보드를 칩니다.
キーボードを打ちます。
키-보-도오 우찌마스

打つ 치다

당신은 어디에서 기다리겠습니까?
あなたはどこで待ちますか。
아나따와 도꼬데 마찌마스까

待つ 기다리다

내 책은 가방 속에 있습니다.
私の本はかばんの中にあります。
와따시노 홍와 가반노 나까니 아리마스

ある 있다

회사까지 버스를 탑니다.
会社までバスに乗ります。
카이샤마데 바스니 노리마스

~に乗る ~을 타다

세 번 쓰고 외우기

 말하기

日本語の歌を歌います。

自分の意見を言います。

キーボードを打ちます。

あなたはどこで待ちますか。

私の本はかばんの中にあります。

会社までバスに乗ります。

Conversation

A: この言葉の意味が分かりますか。

B: はい、少し分かります。

이 말의 뜻을 알겠습니까?
예, 조금 알겠습니다.

(5단동사)~に・み・びます
~합니다

의미 확인하면서 읽기

듣기

사람은 언젠가는 죽습니다.

人はいつかは死にます。

히또와 이쯔까와 시니마스

いつか 언젠가 / 死ぬ 죽다

매일 아침 신문을 읽습니다.

毎朝、新聞を読みます。

마이아사, 심붕오 요미마스

読む 읽다

당신은 술을 마십니까?

あなたはお酒を飲みますか。

아나따와 오사께오 노미마스까

飲む 마시다

오늘은 회사를 쉽니까?

今日は会社を休みますか。

쿄-와 카이샤오 야스미마스까

休む 쉬다

어머니가 어린이를 부릅니다.

お母さんが子供を呼びます。

오까-상가 고도모오 요비마스

~が ~이(가) / 呼ぶ 부르다

새가 하늘을 납니다.

鳥が空を飛びます。

도리가 소라오 도비마스

飛ぶ 날다

세 번 쓰고 외우기

말하기

人はいつかは死にます。

毎朝、新聞を読みます。

あなたはお酒を飲みますか。

今日は会社を休みますか。

お母さんが子供を呼びます。

鳥が空を飛びます。

Conversation

A: あなたは何を飲みますか。
B: 私は冷たいコーラを飲みます。
당신은 무엇을 마시겠습니까?
나는 차가운 콜라를 마시겠습니다.

(1단동사)~ます

~합니다

의미 확인하면서 읽기

듣기

오늘은 새 옷을 입습니다.

今日は新しい洋服を着ます。

쿄-와 아따라시- 요-후꾸오 기마스

着る 입다

당신은 몇 시에 일어납니까?

あなたは何時に起きますか。

아나따와 난지니 오끼마스까

~に ~에(시간) / 起きる 일어나다

당신은 텔레비전 드라마를 봅니까?

あなたはテレビのドラマを見ますか。

아나따와 테레비노 도라마오 미마스까

見る 보다

당신은 밤늦게 잡니까?

あなたは夜遅く寝ますか。

아나따와 요루오소꾸 네마스까

寝る 자다

아침에는 빵을 먹습니다.

朝はパンを食べます。

아사와 팡오 다베마스

食べる 먹다

그는 학교에서 영어를 가르칩니다.

彼は学校で英語を教えます。

카레와 각꼬-데 에-고오 오시에마스

~で ~에서(동작이 행해지는 장소) / 教える 가르치다

74

세 번 쓰고 외우기

 말하기

✎ 今日は新しい洋服を着ます。

✎ あなたは何時に起きますか。

✎ あなたはテレビのドラマを見ますか。

✎ あなたは夜遅く寝ますか。

✎ 朝はパンを食べます。

✎ 彼は学校で英語を教えます。

Conversation

A: あなたは朝何時に起きますか。
B: 私は朝7時に起きます。
당신은 아침 몇 시에 일어납니까?
나는 아침 7시에 일어납니다.

025 (변격·예외동사)~ます

~합니다

의미 확인하면서 읽기

오늘은 일본에서 기무라 씨가 옵니다.

今日は日本から木村さんが来ます。

쿄-와 니홍까라 기무라상가 기마스

~から ~에서(부터) / 来(く)る 오다

내일은 누가 옵니까?

明日は誰が来ますか。

아시따와 다레가 기마스까

나는 매일 공부를 합니다.

私は毎日勉強をします。

와따시와 마이니찌 벵꾜-오 시마스

する 하다

누구와 골프를 합니다.

誰とゴルフをしますか。

다레또 고루후오 시마스까

당신은 몇 시에 집에 돌아옵니까?

あなたは何時に家に帰りますか。

아나따와 난지니 이에니 가에리마스까

家に 집에(방향) / 형태상 하1단동사인 5단동사; 帰る 돌아오(가)다

곧 전철이 들어옵니다.

間もなく電車が入ります。

마모나꾸 덴샤가 하이리마스

형태상 상1단동사인 5단동사; 入る 들어오(가)다

76

세 번 쓰고 외우기

 말하기

今日は日本から木村さんが来ます。

明日は誰が来ますか。

私は毎日勉強をします。

誰とゴルフをしますか。

あなたは何時に家に帰りますか。

間もなく電車が入ります。

Conversation

A: あす、誰か来ますか。
B: はい、ソウルからキムさんが来ます。
　　내일 누군가 옵니까?
　　네, 서울에서 김씨가 옵니다.

(5단동사)~き・ぎ・しません

~하지 않습니다

 의미 확인하면서 읽기

 듣기

그는 라디오 뉴스를 듣지 않습니다.

彼はラジオのニュースを聞きません。

카레와 라지오노 뉴-스오 기끼마셍

-ます의 부정형은 -ません이다 / 聞く → 聞きます

오늘은 도서관에서 리포트를 쓰지 않습니다.

今日は図書館でレポートを書きません。

쿄-와 도쇼깐데 레포-토오 가끼마셍

-ません ~하지 않습니다, ~하지 않겠습니다(의지) / 書く → 書きます

여름에는 바다에서 헤엄치지 않습니다.

夏は海で泳ぎません。

나쯔와 우미데 오요기마셍

泳ぐ → 泳ぎます

겉옷을 벗지 않겠습니까?

上着を脱ぎませんか。

우와기오 누기마셍까

脱ぐ → 脱ぎます

친구에게 그림엽서를 부치지 않습니다.

友達に絵葉書を出しません。

도모다찌니 에하가끼오 다시마셍

出す → 出します

당신은 일본어로 말하지 않습니까?

あなたは日本語で話しませんか。

아나따와 니홍고데 하나시마셍까

~で ~으로(수단) / 話す → 話します

78

말하기

彼はラジオのニュースを聞きません。

今日は図書館でレポートを書きません。

夏は海で泳ぎません。

上着を脱ぎませんか。

友達に絵葉書を出しません。

あなたは日本語で話しませんか。

Conversation

A: このバスは博物館へ行きますか。

B: いいえ、このバスは博物館へ行きません。

이 버스는 박물관에 갑니까?
아니오, 이 버스는 박물관에 가지 않습니다.

79

(5단동사)~い・ち・りません
~하지 않습니다

 의미 확인하면서 읽기

 듣기

일본어 노래를 부르지 않습니다.

日本語の歌を歌いません。
니홍고노 우따오 우따이마셍

歌う → 歌います

백화점에서는 아무 것도 사지 않습니까?

デパートでは何も買いませんか。
데파-토데와 나니모 가이마셍까

~では ~에서는 / 買う → 買います

키보드를 치지 않습니다.

キーボードを打ちません。
키-보-도오 우찌마셍

打つ → 打ちます

나는 역전에서 기다리지 않겠습니다.

私は駅前で待ちません。
와따시와 에끼마에데 마찌마셍

待つ → 待ちます

내 책은 가방 속에 없습니다.

私の本はかばんの中にありません。
와따시노 홍와 가반노 나까니 아리마셍

ある → あります

회사까지 버스를 타지 않습니다.

会社までバスに乗りません。
카이샤마데 바스니 노리마셍

~まで ~까지 / 乗る → 乗ります

세 번 쓰고 외우기

✎ 日本語の歌を歌いません。

✎ デパートでは何も買いませんか。

✎ キーボードを打ちません。

✎ 私は駅前で待ちません。

✎ 私の本はかばんの中にありません。

✎ 会社までバスに乗りません。

Conversation

A: この日本語の意味が分かりますか。

B: いいえ、全然分かりません。

이 일본어 뜻을 알겠습니까?
아니오, 전혀 모르겠습니다.

81

028 (5단동사)~に・み・びません

~하지 않습니다

의미 확인하면서 읽기

듣기

저 고목은 좀처럼 죽지 않습니다.

あの枯木はなかなか死にません。

아노 코보꾸와 나카나카 시니마셍

ぬ로 끝나는 동사는 死ぬ밖에 없다 / 死ぬ → 死にます

매일 아침 신문을 읽지 않습니다.

毎朝、新聞を読みません。

마이아사, 심붕오 요미마셍

読む → 読みます

당신은 술을 마시지 않습니까?

あなたはお酒を飲みませんか。

아나따와 오사께오 노미마셍까

飲む → 飲みます

내일 회사는 쉬지 않습니까?

明日、会社は休みませんか。

아시따, 카이샤와 야스미마셍까

休む → 休みます

어머니가 아이와 놀지 않습니다.

お母さんが子供と遊びません。

오까-상가 고도모또 아소비마셍

遊ぶ → 遊びます

저 새는 하늘을 날지 않습니다.

あの鳥は空を飛びません。

아노 토리와 소라오 도비마셍

飛ぶ → 飛びます

🔊 말하기

✏ あの枯木はなかなか死にません。　😋😋😋

✏ 毎朝、新聞を読みません。　😋😋😋

✏ あなたはお酒を飲みませんか。　😋😋😋

✏ 明日、会社は休みませんか。　😋😋😋

✏ お母さんが子供と遊びません。　😋😋😋

✏ あの鳥は空を飛びません。　😋😋😋

Conversation

A: 冷たいコーラを飲みませんか。

B: そうですね。私は熱いコーヒーを飲みます。

차가운 콜라를 마시지 않겠습니까?
글쎄요. 저는 뜨거운 커피를 마시겠습니다.

029 (1단동사)~ません
~하지 않습니다

의미 확인하면서 읽기

 듣기

오늘은 새 옷을 입지 않습니다.
今日は新しい洋服を着ません。
쿄-와 아따라시- 요-후꾸오 기마셍

着る → 着ます

당신은 아침 일찍 일어나지 않습니까?
あなたは朝早く起きませんか。
아나따와 아사하야꾸 오끼마셍까

起きる → 起きます

당신은 텔레비전 드라마를 보지 않습니까?
あなたはテレビのドラマを見ませんか。
아나따와 테레비노 도라마오 미마셍까

見る → 見ます

당신은 밤늦게까지 자지 않습니까?
あなたは夜遅くまで寝ませんか。
아나따와 요루오소꾸마데 네마셍까

寝る → 寝ます

아침에는 빵을 먹지 않습니다.
朝はパンを食べません。
아사와 팡오 다베마셍

食べる → 食べます

그는 학교에서 영어를 가르치지 않습니다.
彼は学校で英語を教えません。
카레와 각꼬-데 에-고오 오시에마셍

教える → 教えます

84

세 번 쓰고 외우기

말하기

今日は新しい洋服を着ません。

あなたは朝早く起きませんか。

あなたはテレビのドラマを見ませんか。

あなたは夜遅くまで寝ませんか。

朝はパンを食べません。

彼は学校で英語を教えません。

Conversation

A: あなたは朝早く起きますか。
B: いいえ、朝早く起きません。8時に起きます。
당신은 아침 일찍 일어납니까?
아니오, 아침 일찍 일어나지 않습니다. 8시에 일어납니다.

030 (변격·예외동사)~ません

~하지 않습니다

 의미 확인하면서 읽기

 듣기

일본에서 기무라 씨는 오지 않습니다.

日本から木村さんは来ません。

니홍까라 기무라상와 기마셍

くる → きます

내일은 누군가 오지 않습니까?

明日は誰か来ませんか。

아시따와 다레까 기마셍까

誰かの か는 불확실한 추측을 나타낸다

나는 매일 공부를 하지 않습니다.

私は毎日勉強をしません。

와따시와 마이니찌 벵꾜-오 시마셍

する → します

오늘은 골프를 하지 않습니까?

今日はゴルフをしませんか。

쿄-와 고루후오 시마셍까

오늘은 집에 돌아가지 않습니까?

今日は家に帰りませんか。

쿄-와 이에니 가에리마셍까

帰る → 帰ります

나는 그 클럽에 들어가지 않겠습니다.

私はあのクラブに入りません。

와따시와 아노 쿠라부니 하이리마셍

入る → 入ります

세 번 쓰고 외우기

✏ 日本から木村さんは来ません。

✏ 明日は誰か来ませんか。

✏ 私は毎日勉強をしません。

✏ 今日はゴルフをしませんか。

✏ 今日は家に帰りませんか。

✏ 私はあのクラブに入りません。

Conversation

A: あす、誰か来ませんか。

B: はい、日本から山田さんが来ます。

내일 누군가 오지 않습니까?
네, 일본에서 야마다 씨가 옵니다.

031 (5단동사)~き・ぎ・しました

~했습니다

 의미 확인하면서 읽기

 듣기

라디오 뉴스를 들었습니다.

ラジオのニュースを聞きました。

라지오노 뉴-스오 기끼마시다

聞く → 聞きます

도서관에서 리포트를 썼습니다.

図書館でレポートを書きました。

도쇼깐데 레포-토오 가끼마시다

書く → 書きます

여름에는 바다에서 헤엄쳤습니다.

夏は海で泳ぎました。

나쯔와 우미데 오요기마시다

泳ぐ → 泳ぎます

방 안에서 겉옷을 벗었습니까?

部屋の中で上着を脱ぎましたか。

헤야노 나까데 우와기오 누기마시다까

脱ぐ → 脱ぎます

친구에게 그림엽서를 부쳤습니다.

友達に絵葉書を出しました。

도모다찌니 에하가끼오 다시마시다

出す → 出します

당신은 일본어로 말했습니까?

あなたは日本語で話しましたか。

아나따와 니홍고데 하나시마시다까

話す → 話します

세 번 쓰고 외우기

말하기

ラジオのニュースを聞きました。

図書館でレポートを書きました。

夏は海で泳ぎました。

部屋の中で上着を脱ぎましたか。

友達に絵葉書を出しました。

あなたは日本語で話しましたか。

학습일

Conversation

A: あなたは昨日（きのう）どこへ行（い）きましたか。
B: 友達（ともだち）と動物園（どうぶつえん）へ行（い）きました。

당신은 어제 어디에 갔습니까?
친구와 동물원에 갔습니다.

89

032

(5단동사)~い・ち・りました

~했습니다

의미 확인하면서 읽기

듣기

일본어 노래를 불렀습니다.

日本語の歌を歌いました。

니홍고노 우따오 우따이마시다

歌う → 歌います

자신의 의견을 말했습니다.

自分の意見を言いました。

지분노 이껭오 이이마시다

言う → 言います

키보드를 쳤습니다.

キーボードを打ちました。

키-보-도오 우찌마시다

打つ → 打ちます

당신은 어디에서 기다렸습니까?

あなたはどこで待ちましたか。

아나따와 도꼬데 마찌마시다까

待つ → 待ちます

내 책은 가방 속에 있었습니다.

私の本はかばんの中にありました。

와따시노 홍와 가반노 나까니 아리마시다

ある → あります

회사까지 버스를 탔습니다.

会社までバスに乗りました。

카이샤마데 바스니 노리마시다

乗る → 乗ります

세 번 쓰고 외우기

말하기

日本語の歌を歌いました。　

自分の意見を言いました。　

キーボードを打ちました。　

あなたはどこで待ちましたか。　

私の本はかばんの中にありました。　

会社までバスに乗りました。　

Conversation

A: 昨日デパートで何を買いましたか。
B: シャツとズボンを買いました。
어제 백화점에서 무엇을 샀습니까?
셔츠와 바지를 샀습니다.

033

(5단동사)~に・み・びました
~했습니다

의미 확인하면서 읽기

듣기

귀여운 개가 죽었습니다.
可愛い犬が死にました。
가와이- 이누가 시니마시다

かわいい 귀엽다 / 死ぬ → 死にます

매일 아침 신문을 읽었습니다.
毎朝、新聞を読みました。
마이아사, 심붕오 요미마시다

読む → 読みます

당신은 어제 술을 마셨습니까?
あなたは夕べお酒を飲みましたか。
아나따와 유-베 오사께오 노미마시다까

夕べ 어젯밤 / 飲む → 飲みます

어제는 회사를 쉬었습니까?
昨日は会社を休みましたか。
기노-와 카이샤오 야스미마시다까

休む → 休みます

어머니가 아이를 불렀습니다.
お母さんが子供を呼びました。
오까-상가 고도모오 요비마시다

呼ぶ → 呼びます

새가 하늘을 날았습니다.
鳥が空を飛びました。
도리가 소라오 도비마시다

飛ぶ → 飛びます

세 번 쓰고 외우기

✐ 可愛い犬が死にました。 ☺ ☺ ☺

✐ 毎朝、新聞を読みました。 ☺ ☺ ☺

✐ あなたは夕べお酒を飲みましたか。 ☺ ☺ ☺

✐ 昨日は会社を休みましたか。 ☺ ☺ ☺

✐ お母さんが子供を呼びました。 ☺ ☺ ☺

✐ 鳥が空を飛びました。 ☺ ☺ ☺

Conversation

A: あなたは何を飲みましたか。

B: 私は冷たいコーラを飲みました。

당신은 무엇을 마셨습니까?
나는 차가운 콜라를 마셨습니다.

👂 👂 👂

034

(1단동사)~ました

~했습니다

 의미 확인하면서 읽기

듣기

오늘은 새 옷을 입었습니다.
今日は新しい洋服を着ました。
쿄-와 아따라시- 요-후꾸오 기마시다

着る → 着ます

당신은 몇 시에 일어났습니까?
あなたは何時に起きましたか。
아나따와 난지니 오끼마시다까

起きる → 起きます

당신은 텔레비전 드라마를 보았습니까?
あなたはテレビのドラマを見ましたか。
아나따와 테레비노 도라마오 미마시다까

見る → 見ます

당신은 밤늦게 잤습니까?
あなたは夜遅く寝ましたか。
아나따와 요루오소꾸 네마시다까

寝る → 寝ます

아침에는 빵을 먹었습니다.
朝はパンを食べました。
아사와 팡오 다베마시다

食べる → 食べます

그는 학교에서 영어를 가르쳤습니다.
彼は学校で英語を教えました。
카레와 각꼬-데 에-고오 오시에마시다

教える → 教えます

세 번 쓰고 외우기

今日は新しい洋服を着ました。

あなたは何時に起きましたか。

あなたはテレビのドラマを見ましたか。

あなたは夜遅く寝ましたか。

朝はパンを食べました。

彼は学校で英語を教えました。

Conversation

A: 今朝、何を食べましたか

B: ミルクとパンを食べました。

오늘 아침에 무엇을 먹었습니까?
우유와 빵을 먹었습니다.

035

(변격·예외동사)~ました
~했습니다

의미 확인하면서 읽기

듣기

일본에서 기무라 씨가 왔습니다.

日本<small>にほん</small>から木村<small>きむら</small>さんが来<small>き</small>ました。

니홍까라 기무라상가 기마시다

くる → きます

어제 누가 왔습니까?

昨日<small>きのう</small>、誰<small>だれ</small>が来<small>き</small>ましたか。

기노-, 다레가 기마시다까

나는 매일 공부를 했습니다.

私<small>わたし</small>は毎日勉強<small>まいにちべんきょう</small>をしました。

와따시와 마이니찌 벵꾜-오 시마시다

する → します

오늘은 누구와 골프를 했습니까?

今日<small>きょう</small>は誰<small>だれ</small>とゴルフをしましたか。

쿄-와 다레또 고루후오 시마시다까

당신은 몇 시에 집에 돌아갔습니까?

あなたは何時<small>なんじ</small>に家<small>いえ</small>に帰<small>かえ</small>りましたか。

아나따와 난지니 이에니 가에리마시다까

帰る → 帰ります

플랫폼으로 전철이 들어왔습니다.

プラットホームへ電車<small>でんしゃ</small>が入<small>はい</small>りました。

푸랏토호-무에 덴샤가 하이리마시다

~へ ~에(방향) *조사로 쓰일 때는 '에'로 발음 / 入る → 入ります

세 번 쓰고 외우기

✏ 日本から木村さんが来ました。

✏ 昨日、誰が来ましたか。

✏ 私は毎日勉強をしました。

✏ 今日は誰とゴルフをしましたか。

✏ あなたは何時に家に帰りましたか。

✏ プラットホームへ電車が入りました。

Conversation

A: 昨日、誰か来ましたか。
き の う　だれ　き

B: はい、東京から吉村さんが来ました。
とうきょう　よしむら　き

어제 누군가 왔습니까?
네, 도쿄에서 요시무라 씨가 왔습니다.

의미 확인하면서 읽기

 듣기

라디오 뉴스를 듣지 않았습니다.

ラジオのニュースを聞きませんでした。

라지오노 뉴-스오 기끼마센데시다

ません에 でした를 접속하면 과거부정이 된다 / 聞く→聞きません

도서관에서 리포트를 쓰지 않았습니다.

図書館でレポートを書きませんでした。

도쇼깐데 레포-토오 가끼마센데시다

書く → 書きません

여름에는 바다에서 헤엄치지 않았습니다.

夏は海で泳ぎませんでした。

나쯔와 우미데 오요기마센데시다

泳ぐ → 泳ぎません

겉옷을 벗지 않았습니까?

上着を脱ぎませんでしたか。

우와기오 누기마센데시다까

脱ぐ → 脱ぎません

친구에게 그림엽서를 부치지 않았습니다.

友達に絵葉書を出しませんでした。

도모다찌니 에하가끼오 다시마센데시다

出す → 出しません

당신은 일본어로 말하지 않았습니까?

あなたは日本語で話しませんでしたか。

아나따와 니홍고데 하나시마센데시다까

話す → 話しません

세 번 쓰고 외우기

 말하기

✏️ ラジオのニュースを聞きませんでした。

✏️ 図書館でレポートを書きませんでした。

✏️ 夏は海で泳ぎませんでした。

✏️ 上着を脱ぎませんでしたか。

✏️ 友達に絵葉書を出しませんでした。

✏️ あなたは日本語で話しませんでしたか。

Conversation

A: あなたは昨日公園へ行きましたか。
B: いいえ、昨日はどこへも行きませんでした。

당신은 어제 공원에 갔습니까?
아니오, 어제는 아무데도 가지 않았습니다.

037 (5단동사)~い・ち・りませんでした
~하지 않습니다

 의미 확인하면서 읽기

듣기

일본어 노래를 부르지 않았습니다.

日本語の歌を歌いませんでした。

니홍고노 우따오 우따이마센데시다

歌う → 歌いません

백화점에서는 아무 것도 사지 않았습니까?

デパートでは何も買いませんでしたか。

데파-토데와 나니모 가이마센데시다까

買う → 買いません

키보드를 치지 않았습니다.

キーボードを打ちませんでした。

키-보-도오 우찌마센데시다

打つ → 打ちません

나는 역전에서 기다리지 않았습니다.

私は駅前で待ちませんでした。

와따시와 에끼마에데 마찌마센데시다

待つ → 待ちません

책은 가방 속에 없었습니다.

本はかばんの中にありませんでした。

홍와 가반노 나까니 아리마센데시다

ある → ありません

회사까지 버스를 타지 않았습니다.

会社までバスに乗りませんでした。

카이샤마데 바스니 노리마센데시다

乗る → 乗りません

세 번 쓰고 외우기

말하기

✏ 日本語の歌を歌いませんでした。

✏ デパートでは何も買いませんでしたか。

✏ キーボードを打ちませんでした。

✏ 私は駅前で待ちませんでした。

✏ 本はかばんの中にありませんでした。

✏ 会社までバスに乗りませんでした。

Conversation

A: この日本語の意味が分かりましたか。
B: いいえ、全然分かりませんでした。

이 일본어 뜻을 알았습니까?
아니오, 전혀 몰랐습니다.

038 (5단동사)~に・み・びませんでした
~하지 않았습니다

의미 확인하면서 읽기

저 고목은 아직 죽지 않았습니다.
あの枯木はまだ死にませんでした。
아노 코보꾸와 마다 시니마센데시다

死ぬ → 死にません

오늘 아침에는 신문을 읽지 않았습니다.
今朝は新聞を読みませんでした。
케사와 심붕오 요미마센데시다

読む → 読みません

당신은 술을 마시지 않았습니까?
あなたはお酒を飲みませんでしたか。
아나따와 오사께오 노미마센데시다까

飲む → 飲みません

어제 회사를 쉬지 않았습니까?
昨日、会社を休みませんでしたか。
기노-, 카이샤오 야스미마센데시다까

休む → 休みません

어머니는 아이와 놀지 않았습니다.
お母さんは子供と遊びませんでした。
오까-상와 고도모또 아소비마센데시다

遊ぶ → 遊びません

저 새는 하늘을 날지 않았습니다.
あの鳥は空を飛びませんでした。
아노 도리와 소라오 도비마센데시다

飛ぶ → 飛びません

말하기

✎ あの枯木はまだ死にませんでした。

✎ 今朝は新聞を読みませんでした。

✎ あなたはお酒を飲みませんでしたか。

✎ 昨日、会社を休みませんでしたか。

✎ お母さんは子供と遊びませんでした。

✎ あの鳥は空を飛びませんでした。

Conversation

A: あなたは冷たい（つめ）コーラを飲（の）みませんでしたか。

B: はい、熱（あつ）いコーヒーを飲（の）みました。

당신은 차가운 콜라를 마시지 않았습니까?
네, 저는 뜨거운 커피를 마셨습니다.

039 (1단동사)~ませんでした

~하지 않았습니다

의미 확인하면서 읽기

오늘은 새 옷을 입지 않았습니다.

今日は新しい洋服を着ませんでした。

쿄-와 아따라시- 요-후꾸오 기마센데시다

着る → 着ません

당신은 아침 일찍 일어나지 않았습니까?

あなたは朝早く起きませんでしたか。

아나따와 아사하야꾸 오끼마센데시다까

起きる → 起きません

당신은 텔레비전 드라마를 보지 않았습니까?

あなたはテレビのドラマを見ませんでしたか。

아나따와 테레비노 도라마오 미마센데시다까

見る → 見ません

당신은 밤늦게까지 자지 않았습니까?

あなたは夜遅くまで寝ませんでしたか。

아나따와 요루오소꾸마데 네마센데시다까

寝る → 寝ません

아침에는 빵을 먹지 않았습니까?

朝はパンを食べませんでしたか。

아사와 팡오 다베마센데시다까

食べる → 食べません

그는 학교에서 영어를 가르치지 않았습니다.

彼は学校で英語を教えませんでした。

카레와 각꼬-데 에-고오 오시에마센데시다

教える → 教えません

104

세 번 쓰고 외우기

말하기

今日は新しい洋服を着ませんでした。

あなたは朝早く起きませんでしたか。

あなたはテレビのドラマを見ませんでしたか。

あなたは夜遅くまで寝ませんでしたか。

朝はパンを食べませんでしたか。

彼は学校で英語を教えませんでした。

Conversation

A: あなたは朝早く起きませんでしたか。
B: はい、朝8時に起きました。
당신은 아침 일찍 일어나지 않았습니까?
예, 아침 8시에 일어났습니다.

040 (변격·예외동사)~ませんでした
~하지 않았습니다

의미 확인하면서 읽기

일본에서 기무라 씨는 오지 않았습니다.

日本から木村さんは来ませんでした。

니홍까라 기무라상와 기마센데시다

くる → きません

오늘은 아무도 오지 않았습니까?

今日は誰も来ませんでしたか。

쿄-와 다레모 기마센데시다까

나는 매일 공부를 하지 않았습니다.

私は毎日勉強をしませんでした。

와따시와 마이니찌 벵꾜-오 시마센데시다

する → しません

오늘은 골프를 하지 않았습니까?

今日はゴルフをしませんでしたか。

쿄-와 고루후오 시마센데시다까

그는 오늘도 집에 오지 않았습니까?

彼は今日も家に帰りませんでしたか。

카레와 쿄-모 이에니 가에리마센데시다까

帰る → 帰りません

나는 그 클럽에 들어가지 않았습니다.

私はあのクラブに入りませんでした。

와따시와 아노 쿠라부니 하이리마센데시다

入る → 入りません

106

세 번 쓰고 외우기

✎ 日本から木村さんは来ませんでした。

✎ 今日は誰も来ませんでしたか。

✎ 私は毎日勉強をしませんでした。

✎ 今日はゴルフをしませんでしたか。

✎ 彼は今日も家に帰りませんでしたか。

✎ 私はあのクラブに入りませんでした。

Conversation

A: 昨日、テニスをしませんでしたか。
B: はい、何もしませんでした。うちで休みました。

어제 테니스를 하지 않았습니까?
예, 아무 것도 하지 않았습니다. 집에서 쉬었습니다.

PART 04

기초 일본어 문법

1 명사와 형용사, 형용동사의 접속표현

▶ 명사 ~で、 명사 ~です

で는 우리말의 '~이고, ~이며'에 해당하며, です의 중지형으로 성질이 다른 앞뒤의 문장을 나열해 주는 역할을 하기도 하고, 앞의 문장이 뒤의 문장의 원인이나 설명이 될 경우에도 쓰입니다.

기본형	의 미	접속형	의 미
学生(がくせい)だ	학생이다	学生で	학생이고(며)
先生(せんせい)だ	선생이다	先生で	선생이고(며)

▶ 형용사 ~くて

~くて는 형용사에 접속조사 て가 이어진 형태로 형용사의 기본형 어미 い가 く로 바뀐 것입니다. 이 때 ~くて는 앞의 형용사를 뒤의 말과 연결하거나 나열, 원인, 이유를 나타내기도 합니다. 우리말 해석은 '~하고, ~하며, ~해서' 등으로 합니다.

기본형	의 미	접속형	의 미
高(たか)い	높다	高くて	높고, 높아서
大(おお)きい	크다	大きくて	크고, 커서
寒(さむ)い	춥다	寒くて	춥고, 추워서

* 형용사의 어미 い가 く로 바뀌어 뒤에 용언(활용어)이 이어지면 '~하게'의 뜻으로 부사적인 용법으로 쓰입니다.

▶ 형용동사 ~で

で은 형용동사의 중지형으로 기본형 어미 だ가 で로 바뀐 형태입니다. で는 문장을 중지하거나 앞의 형용동사를 뒤의 문장과 연결할 때도 쓰이며, '~하고, ~하며, ~해서'의 뜻으로 나열, 원인, 이유, 설명을 나타냅니다.

기본형	의 미	접속형	의 미
静(しず)かだ	조용하다	静かで	조용하고, 조용해서
有名(ゆうめい)だ	유명하다	有名で	유명하고, 유명해서
好(す)きだ	좋아하다	好きで	좋아하고, 좋아해서

2 형용사와 형용동사의 과거형

(1) 형용사 과거형

형용사의 과거형은 기본형의 어미 い가 かっ으로 바뀌어 과거·완료를 나타내는 た가 접속된 かった의 형태를 취합니다.

기본형	의 미	과거형	의 미
高(たか)い	높다	高かった	높았다
大(おお)きい	크다	大きかった	컸다
寒(さむ)い	춥다	寒かった	추웠다
遠(とお)い	멀다	遠かった	멀었다

▶ 형용사 ~かったです

형용사의 과거형을 정중하게 표현할 때는 과거형에 です를 접속하면 됩니다. 형용사의 기본형에 です의 과거형인 でした를 접속하여 ~いでした로 정중한 과거형을 표현하기 쉬우나 이것은 틀린 표현으로 기본형의 과거형에 です를 접속하여 ~かったです로 표현해야 합니다.

(2) 형용동사의 과거형

형용동사의 과거형은 어미 だ를 だっ으로 바꾸고 과거·완료를 나타내는 た를 접속한 だった의 형태를 취합니다.

기본형	의 미	과거형	의 미
静(しず)かだ	조용하다	静かだった	조용했다
有名(ゆうめい)だ	유명하다	有名だった	유명했다
便利(べんり)だ	편리하다	便利だった	편리했다
好(す)きだ	좋아하다	好きだった	좋아했다

▶ 명사 ~だった

정중한 단정을 나타내는 です의 과거형은 でした이지만, 형용동사의 과거형과 마찬가지로 보통체인 だ의 과거형은 だった입니다.

3 동사의 ます형에 접속하는 표현

▶ ~やすい(にくい)

やすい는 동사의 중지형, 즉 ます가 접속하는 형태에 접속하여 그러한 동작이나 작용이 '~하기 쉽다, ~하기 편하다'의 뜻을 나타내며, 반대로 にくい는 '~하기 어렵다, ~하기 힘들다'의 뜻을 나타냅니다.

기본형	의 미	~やすい / ~にくい	의 미
飲(の)む	마시다	飲みやすい	마시기 편하다
書(か)く	쓰다	書きにくい	쓰기 힘들다

▶ ~に行く

동사의 중지형, 즉 ます가 접속되는 형태에 조사 に가 접속하면 '~하러'의 뜻으로 동작의 목적을 나타냅니다. 뒤에는 보통 行く(가다), 来る(오다), 帰る(돌아오다) 등 이동을 나타내는 동사가 옵니다.

기본형	의 미	~に行く	의 미
飲(の)む	마시다	飲みに行く	마시러 가다
見(み)る	보다	見に行く	보러 가다

▶ ~すぎる

동사에 ます가 접속되는 형태나 형용사와 형용동사는 어간에 すぎる가 접속되면 '너무(지나치게) ~하다'의 뜻으로 어떤 동작이나 상태가 도에 지나친 것을 나타냅니다.

기본형	의 미	~すぎる	의 미
飲(の)む	마시다	飲みすぎる	과음하다
高(たか)い	(값이) 비싸다	高すぎる	너무 비싸다
静(しず)かだ	조용하다	静かすぎる	너무 조용하다

▶ ~ながら

ながら는 동사의 중지형, 즉 ます가 이어지는 꼴에 접속하여 '~하면서'의 뜻으로 두 가지 이상의 동작이 동시에 일어남을 나타냅니다.

기본형	의 미	~ながら	의 미
飲(の)む	마시다	飲みながら	마시면서
書(か)く	쓰다	書きながら	쓰면서

동사의 접속표현

▶ ~たい

たい는 ます가 접속되는 꼴에 연결되며 말하는 사람이나 상대방의 직접적인 희망을 나타내는 말로 우리말의 '~하고 싶다'에 해당합니다. 희망하는 대상물에는 조사 を보다 が를 쓰는 것이 일반적입니다. 또한, たい의 활용은 어미의 형태가 い이므로 형용사와 동일하게 활용합니다. 또한 たがる는 ます가 접속되는 형태에 이어져 '~하고 싶어 하다'는 뜻으로 제3자의 희망·욕구를 나타내며, 활용은 5단동사와 동일합니다.

기본형	의 미	~たい/~たがる	의 미
飲(の)む	마시다	飲みたい	마시고 싶다
食(た)べる	쓰다	食べたがる	먹고 싶어 하다

▶ ~に(く)なる

동사 なる는 '되다'라는 뜻으로 어떤 상태에서 다른 상태로 변하는 것을 나타내는데, 명사와 형용동사에 접속할 때는 ~になる 형태를 취합니다. 그러나 형용사에 なる가 접속할 때는 어미 い가 く로 바뀌어 '~어지다, ~게 되다'의 뜻을 나타냅니다.

기본형	의 미	~に(く)なる	의 미
医者(いしゃ)だ	의사이다	医者になる	의사가 되다
静(しず)かだ	조용하다	静かになる	조용해지다
高(たか)い	높다	高くなる	높아지다

▶ ~に(く)する

동사 する는 어떤 동작을 '하다'라는 뜻인데, 어떤 일(것)을 선택할 때도 쓰입니다. 이때는 선택의 대상이 되는 명사 뒤에는 조사 に가 와야 합니다. 형용사의 어미 い를 く로 바꾸어 する를 접속하면 '~게 하다'의 뜻으로 의지적인 변화를 주어 어떤 상태로 바꾸다는 뜻을 나타내며, 형용동사의 경우는 명사와 마찬가지로 ~にする의 형태를 취합니다.

기본형	의 미	~に(く)する	의 미
コーヒーだ	커피다	コーヒーにする	커피로 하다
静(しず)かだ	조용하다	静かにする	조용하게 하다
高(たか)い	높다	高くする	높게 하다

041 (명사)~で、 ~です
~이고, ~입니다

 의미 확인하면서 읽기

 듣기

이것은 라이터이고, 저것은 성냥입니다.

これはライターで、あれはマッチです。
고레와 라이타-데, 아레와 맛치데스

で는 です의 중지형으로 문장을 중지하거나 열거한다

그것은 내 것이고, 저것은 당신 것입니다.

それは私ので、あれはあなたのです。
소레와 와따시노데, 아레와 아나따노데스

저것은 김치이고, 이것은 단무지입니다.

あれはキムチで、これはたくわんです。
아레와 기무치데, 고레와 다꾸완데스

たくわん 단무지

이것은 노트이고, 저것은 연필입니다.

これはノートで、あれは鉛筆です。
고레와 노-토데, 아레와 엠피쯔데스

여기는 아파트이고, 저기는 맨션입니다.

ここはアパートで、あそこはマンションです。
고꼬와 아파토-데, 아소꼬와 만숀데스

나는 한국인이고, 당신은 일본인입니다.

私は韓国人で、あなたは日本人です。
와따시와 캉코꾸진데, 아나따와 니혼진데스

114

세 번 쓰고 외우기

これはライターで、あれはマッチです。

それは私ので、あれはあなたのです。

あれはキムチで、これはたくわんです。

これはノートで、あれは鉛筆です。

ここはアパートで、あそこはマンションです。

私は韓国人で、あなたは日本人です。

Conversation

A: これはあなたの帽子ですか。

B: いいえ、キムさんので、私のではありません。

이것은 당신 모자입니까?

아니오, 김씨 것으로 내 것이 아닙니다.

042 (형용사)~くて、~いです

~하고, ~합니다

의미 확인하면서 읽기

듣기

이 방은 넓고, 저 방은 좁습니다.

この部屋は広くて、あの部屋は狭いです。

고노 헤야와 히로쿠떼, 아노 헤야와 세마이데스

형용사에 접속조사 て가 이어질 때는 くて의 형태가 된다

집은 역에서 가깝고, 회사는 멉니다.

家は駅から近くて、会社は遠いです。

이에와 에까까라 치카꾸떼, 카이샤와 도-이데스

형용사에 접속조사 て가 이어지면 '~해서, ~하고, ~하며'의 뜻

그녀의 얼굴을 둥글고, 내 얼굴은 네모집니다.

彼女の顔は丸くて、僕の顔は四角いです。

카노죠노 가오와 마루쿠떼, 보꾸노 가오와 시카꾸이데스

바나나는 달고, 레몬은 십니다.

バナナは甘くて、レモンはすっぱいです。

바나나와 아마쿠떼, 레몽와 습빠이데스

여름은 덥고, 가을은 시원합니다.

夏は暑くて、秋は涼しいです。

나쯔와 아쯔꾸떼, 아끼와 스즈시-데스

寒(さむ)い 춥다 ↔ 暖(あたた)かい 따뜻하다

이 소설은 재미있고, 무척 좋습니다.

この小説は面白くて、とてもいいです。

고노 쇼-세쯔와 오모시로쿠떼, 도떼모 이-데스

いい, よい 좋다

116

세 번 쓰고 외우기

말하기

この部屋は広くて、あの部屋は狭いです。　

家は駅から近くて、会社は遠いです。

彼女の顔は丸くて、僕の顔は四角いです。

バナナは甘くて、レモンはすっぱいです。

夏は暑くて、秋は涼しいです。

この小説は面白くて、とてもいいです。

Conversation

A: あの店のパンはどうですか。

B: 安くて、とてもおいしいです。

저 가게의 빵은 어떻습니까?
싸고, 무척 맛있습니다.

043

(형용동사)~で、~です
~하고, ~합니다

다나카 씨는 친절하고, 가토 씨는 불친절합니다.

田中さんは親切で、加藤さんは不親切です。
<small>た なか　　　　　　しん せつ　　　　　　か とう　　　　　　　ふ しん せつ</small>

다나까상와 신세쯔데, 카또-상와 후신세쯔데스

이 옷은 화려하고, 저 옷은 수수합니다.

この服は派手で、あの服は地味です。
<small>ふく　は で　　　　　　ふく　 じ み</small>

고노 후꾸와 하데데, 아노 후꾸와 지미데스

<small>で는 형용동사의 중지형으로 문장을 중지하거나 열거한다</small>

큰 길은 안전하고, 뒷골목은 위험합니다.

大通りは安全で、裏通りは危険です。
<small>おお どお　　　　あん ぜん　　　　　うら どお．　　き けん</small>

오-도-리와 안젠데, 우라도-리와 키껜데스

나카무라 씨는 성실하고, 요시무라 씨는 불성실합니다.

中村さんは真面目で、吉村さんは不真面目です。
<small>なか むら　　　ま じ め　　　　 よし むら　　　　　ふ ま じ め</small>

나까무라상와 마지메데, 요시무라상와 후마지메데스

영어는 잘하고, 일본어는 아직 서툽니다.

英語は上手で、日本語はまだ下手です。
<small>えい ご　 じょう ず　　　　 に ほん ご　　　　　　 へ た</small>

에-고와 죠-즈데, 니홍고와 마다 헤따데스

<small>上手だ 능숙하다 ↔ 下手だ 서투르다</small>

여기는 교통도 편리하고, 조용한 곳입니다.

ここは交通も便利で、静かな所です。
<small>こう つう　　べん り　　　　し ず　　 ところ</small>

고꼬와 코-쯔-모 벤리데, 시즈까나 도꼬로데스

세 번 쓰고 외우기

 말하기

田中さんは親切で、加藤さんは不親切です。

この服は派手で、あの服は地味です。

大通りは安全で、裏通りは危険です。

中村さんは真面目で、吉村さんは不真面目です。

英語は上手で、日本語はまだ下手です。

ここは交通も便利で、静かな所です。

Conversation

A: あのレストランはどうですか。
B: 親切で、味も雰囲気もいいです。
しんせつ　　あじ　ふんいき

저 레스토랑은 어때요?
친절하고, 맛도 분위기도 좋습니다.

119

044

(형용사)~かった
~했다

듣기

올 겨울은 무척 추웠다.

今年の冬はとても寒かった。

고또시노 후유와 도떼모 사무깟따

형용사의 과거형은 어미 い를 かった으로 바꾼다

옛날에 저 빌딩은 여기에서 가장 높았습니다.

昔、あのビルはここでいちばん高かったです。

무까시, 아노 비루와 고꼬데 이찌반 다카깟따데스

택시는 무척 빨랐습니다.

タクシーはとても速かったです。

타쿠시-와 도떼모 하야깟따데스

형용사의 정중한 과거표현은 ~いでした라고 하지 않는다

저 가방은 무거웠습니까?

あのかばんは重かったですか。

아노 가방와 오모깟따데스까

정중하게 과거를 말할 때는 반드시 ~かったです로 표현한다

전에는 당신 회사는 집에서 멀었습니까?

前は、あなたの会社は家から遠かったですか。

마에와, 아나따노 카이샤와 이에까라 도오깟따데스까

저 선글라스 가격은 쌌습니까?

あのサングラスの値段は安かったですか。

아노 상구라스노 네당와 야스깟따데스까

세 번 쓰고 외우기

 말하기

今年の冬はとても寒かった。

昔、あのビルはここでいちばん高かったです。

タクシーはとても速かったです。

あのかばんは重かったですか。

前は、あなたの会社は家から遠かったですか。

あのサングラスの値段は安かったですか。

Conversation

A: そのカメラは高かったですか。
B: いいえ、あまり高くありませんでした。
그 카메라는 비쌌습니까?
아뇨, 별로 비싸지 않았습니다.

121

045 (명사·형용동사)~だった

~이었다 / ~했다

의미 확인하면서 읽기

듣기

어제는 내 생일이었다.

昨日は僕の誕生日だった。

기노-와 보꾸노 탄죠-비닷따

정중한 단정인 です의 보통체인 だ의 과거형은 だった이다

옛날에 이 빌딩은 병원이었습니다.

昔、このビルは病院だったのです。

무까시, 고노 비루와 뵤-인닷따노데스

だった에 の(ん)です를 접속하면 정중하게 강조하는 뜻이 된다

요시무라 씨, 어제는 쉬는 날이었습니까?

吉村さん、昨日は休みの日だったんですか。

요시무라상, 기노-와 야스미노 히닷딴데스까

옛날에 여기는 교통이 불편했다.

昔、ここは交通が不便だった。

무까시, 고꼬와 코-쯔-가 후벤닷따

형용동사의 보통체 과거형도 だった이다

나카무라 선생님은 무척 친절했습니다.

中村先生はとても親切だったのです。

나까무라 센-세-와 도떼모 신세쯔닷따노데스

은행까지의 교통은 편리했습니까?

銀行までの交通は便利だったんですか。

깅꼬-마데노 코-쯔-와 벤리닷딴데스까

회화에서 ~のです는 흔히 ~んです로 줄여서 말한다

세 번 쓰고 외우기

✎ 昨日は僕の誕生日だった。

✎ 昔、このビルは病院だったのです。

✎ 吉村さん、昨日は休みの日だったんですか。

✎ 昔、ここは交通が不便だった。

✎ 中村先生はとても親切だったのです。

✎ 銀行までの交通は便利だったんですか。

Conversation

A: その間(あいだ)、元気(げんき)だったの。
B: うん、お陰(かげ)で元気(げんき)だったよ。

그 동안, 잘 지냈니?
응, 덕분에 잘 지냈어.

(동사)~やすい

~하기 쉽다 .

듣기

카레라이스는 간단하고 만들기 쉽다.

カレーライスは簡単(かんたん)で作(つく)りやすい。

카레-라이스와 간딴데 쓰꾸리야스이

*동사의 ます가 접속되는 형태에 やすい가 접속하면

이 도구는 쓰기 편리합니다.

この道具(どうぐ)は使(つか)いやすいです。

고노 도-구와 쓰까이야스이데스

'~하기 쉽다'는 뜻의 형용사가 된다

큰 화면이어서 매우 보기 편합니다.

大画面(だいがめん)でとても見(み)やすいです。

다이가멘데 도떼모 미야스이데스

やすい는 형용사형 접미어로 형용사와 동일하게 활용한다

글씨가 커서 읽기 쉽습니다.

字(じ)が大(おお)きくて読(よ)みやすいです。

지가 오-키꾸떼 요미야스이데스

작은 글씨는 읽기 쉽지 않습니다.

小(ちい)さい字(じ)は読(よ)みやすくありません。

치-사이 지와 요미야스꾸 아리마셍

그 고기는 무척 부드러워서 먹기 편했습니다.

あの肉(にく)はとても柔(やわ)らかくて食(た)べやすかったです。

아노 니꾸와 도떼모 야와라카꾸떼 다베야스깟따데스

🔊 말하기

🖊 カレーライスは簡単で作りやすい。　😋😋😋

🖊 この道具は使いやすいです。　😋😋😋

🖊 大画面でとても見やすいです。　😋😋😋

🖊 字が大きくて読みやすいです。　😋😋😋

🖊 小さい字は読みやすくありません。　😋😋😋

🖊 あの肉はとても柔らかくて食べやすかったです。　😋😋😋

Conversation	A: 読みやすくて綺麗な字ですね。誰の字ですか。
	B: 吉村さんの字です。
	읽기 쉽고 예쁜 글씨이군요. 누구 글씨입니까?
	요시무라 씨 글씨입니다. 👂👂👂

047 | (동사)~にくい

~하기 어렵다

 의미 확인하면서 읽기

 듣기

질긴 고기는 먹기 힘들다.

堅い肉は食べにくい。
かた　にく　た

카따이 니꾸와 다베니꾸이

*동사의 ます가 접속되는 형태에 にくい가 접속하면

당신의 글씨는 읽기 힘들군요.

あなたの字は読みにくいですね。
じ　よ

아나따노 지와 요미니꾸이데스네

'~하기 어렵다, 힘들다'는 뜻의 형용사가 된다

게는 먹기 힘듭니다.

かには食べにくいです。
た

카니와 다베니꾸이데스

かに 게

설날 신칸센 표는 구하기 힘듭니다.

お正月の新幹線の切符は取りにくいです。
しょうがつ　しんかんせん　きっぷ　と

오쇼-가쯔노 싱깐센노 깁뿌와 도리니꾸이데스

이 약은 먹기 힘들지 않습니다.

この薬は飲みにくくありません。
くすり　の

고노 구스리와 노미니쿠꾸 아리마셍

薬を飲む 약을 먹다

질문이 어려워서 대답하기 힘들었습니다.

質問が難しくて答えにくかったです。
しつもん　むずか　こた

시쯔몽가 무즈카시꾸떼 고따에니쿠깟따데스

答える 대답하다

126

세 번 쓰고 외우기

말하기

✎ 堅い肉は食べにくい。

✎ あなたの字は読みにくいですね。

✎ かには食べにくいです。

✎ お正月の新幹線の切符は取りにくいです。

✎ この薬は飲みにくくありません。

✎ 質問が難しくて答えにくかったです。

Conversation

A: あなたのかばんは重いですか。
B: はい、重くてなかなか持ちにくいです。
당신의 가방은 무겁습니까?
예, 무거워서 상당히 들기 힘듭니다.

048 (동사)~に行く

~하러 가다

의미 확인하면서 읽기

공항에 친구를 마중하러 갑니다.

空港へ友達を迎えに行きます。

くうこう　ともだち　むか　い

쿠-꼬-에 도모다찌오 무까에니 이끼마스

*동사의 ます가 접속되는 형태에 に行く가 접속하면

오사카에는 무엇을 하러 갑니까?

大阪には何をしに行きますか。

おおさか　なに　い

오-사까니와 나니오 시니 이끼마스까

'~하러 가다'의 뜻으로 동작의 목적을 나타낸다

풀장에 수영하러 가지 않겠습니까?

プールへ泳ぎに行きませんか。

およ　い

푸-루에 오요기니 이끼마셍까

泳ぐ 헤엄치다

어제는 벌레를 잡으러 갔습니다.

昨日は虫を採りに行きました。

きのう　むし　と　い

기노-와 무시오 도리니 이끼마시다

採る 채집하다

백화점에 옷을 사러 갔습니다.

デパートへ洋服を買いに行きました。

ようふく　か　い

데파-토에 요-후꾸오 가이니 이끼마시다

買う 사다

그녀는 공원에 놀러 갔습니까?

彼女は公園へ遊びに行きましたか。

かのじょ　こうえん　あそ　い

카노죠와 코-엥에 아소비니 이끼마시다까

遊ぶ 놀다

세 번 쓰고 외우기

空港へ友達を迎えに行きます。

大阪には何をしに行きますか。

プールへ泳ぎに行きませんか。

昨日は虫を採りに行きました。

デパートへ洋服を買いに行きました。

彼女は公園へ遊びに行きましたか。

Conversation

A: ソウルへ何をしに行きますか。
B: 親しい友達に会いに行きます。

서울에 무엇을 하러 갑니까?
친한 친구를 만나러 갑니다.

049

(동사)~に来る

~하러 오다

의미 확인하면서 읽기

듣기

공원에 조깅하러 옵니다.

公園へジョギングをしに来ます。

코-엥에 죠깅구오 시니 기마스

*동사의 ます가 접속되는 형태에 に来る가 접속하면

친구는 가끔 나한테 놀러 옵니다.

友達はたまに私のところへ遊びに来ます。

도모다찌와 타마니 와따시노 도꼬로에 아소비니 기마스

'~하러 오다'의 뜻으로 동작의 목적을 나타낸다

나는 일본에 공부를 하러 왔습니다.

私は日本へ勉強をしに来ました。

와따시와 니홍에 벵꾜-오 시니 기마시다

勉強 공부

나는 당신에게 사과를 하러 왔습니다.

私はあなたに謝りに来ました。

와따시와 아나따니 아야마리니 기마시다

謝る 사죄하다

방송국 사람이 취재하러 왔습니다.

放送局の人が取材しに来ました。

호-소-쿄꾸노 히또가 슈자이시니 기마시다

取材する 취재하다

기무라 씨는 한국에 누군가 만나러 왔습니까?

木村さんは韓国へ誰か会いに来ましたか。

기무라상와 캉코꾸에 다레까 아이니 기마시다까

公園へジョギングをしに来ます。

友達はたまに私のところへ遊びに来ます。

私は日本へ勉強をしに来ました。

私はあなたに謝りに来ました。

放送局の人が取材しに来ました。

木村さんは韓国へ誰か会いに来ましたか。

Conversation

A: あなたは何をしにここへ来ましたか。

B: コーヒーを飲みに来ました。

당신은 무엇을 하러 여기에 왔습니까?
커피를 마시러 왔습니다.

050

(동사)~ときは[まえに]

~할 때는[전에]

의미 확인하면서 읽기

듣기

당신은 일본에 갈 때 무엇을 합니까?

あなたは日本へ行く時は何をしますか。

아나따와 니홍에 이꾸 도끼와 나니오 시마스까

동사의 기본형은 그 상태로 뒤의 명사를 수식한다

커피를 마실 때는 비스킷을 먹습니다.

コーヒーを飲む時はビスケットを食べます。

코-히-오 노무 도끼와 비스켓토오 다베마스

공부할 때는 음악을 듣지 않습니다.

勉強する時は音楽を聞きません。

벵꾜-스루 도끼와 옹가꾸오 기끼마셍

聞く 듣다, 묻다

나는 자기 전에 반드시 이를 닦습니다.

私は寝る前に必ず歯を磨きます。

와따시와 네루 마에니 가나라즈 하오 미가끼마스

磨く 닦다

나는 식사를 하기 전에 신문을 읽습니다.

私は食事をする前に新聞を読みます。

와따시와 쇼꾸지오 스루 마에니 심붕오 요미마스

나는 밥을 먹기 전에 손을 씻습니다.

私はご飯を食べる前に手を洗います。

와따시와 고항오 다베루 마에니 데오 아라이마스

洗う 씻다

학습일 /

세 번 쓰고 외우기

말하기

あなたは日本へ行く時は何をしますか。

コーヒーを飲む時はビスケットを食べます。

勉強する時は音楽を聞きません。

私は寝る前に必ず歯を磨きます。

私は食事をする前に新聞を読みます。

私はご飯を食べる前に手を洗います。

Conversation

A: あなたはご飯(はん)を食(た)べる時(とき)もテレビを見(み)ますか。

B: いいえ、テレビは見(み)ません。音楽(おんがく)を聞(き)きます。

당신은 밥을 먹을 때도 텔레비전을 봅니까?

아니오, 텔레비전은 보지 않습니다. 음악을 듣습니다.

051 (동사)~すぎる
너무 ~하다

 의미 확인하면서 읽기

 듣기

어젯밤 밥을 너무 많이 먹었습니다.

夕べ、ご飯を食べすぎました。

유-베, 고항오 다베스기마시다

*동사의 ます가 접속되는 형태에 すぎる가 접속하면

요즘 일을 너무 많이 하는군요.

この頃、仕事をしすぎますね。

고노고로, 시고또오 시스기마스네

'너무(지나치게) ~하다'는 뜻의 상1단동사가 된다

당신은 담배를 너무 많이 피우는군요.

あなたはタバコを吸いすぎますね。

아나따와 다바꼬오 스이스기마스네

タバコを吸う 담배를 피우다

요시무라 씨는 과음합니다.

吉村さんはお酒を飲みすぎます。

요시무라상와 오사께오 노미스기마스

お酒を飲む 술을 마시다

그는 텔레비전을 너무 많이 봐요.

彼はテレビを見すぎますよ。

카레와 테레비오 미스기마스요

종조사 よ는 사물을 판단해서 주장하거나 다짐할 때에 쓴다

너무 잤습니다. 머리가 좀 아픕니다.

寝すぎました。頭が少し痛いです。

네스기마시다. 아따마가 스꼬시 이따이데스

痛い 아프다

134

세 번 쓰고 외우기

말하기

夕べ、ご飯を食べすぎました。

この頃、仕事をしすぎますね。

あなたはタバコを吸いすぎますね。

吉村さんはお酒を飲みすぎます。

彼はテレビを見すぎますよ。

寝すぎました。頭が少し痛いです。

Conversation

A: あなたは太りすぎましたね。

B: ええ、この頃、食べすぎました。

당신은 살이 많이 쪘군요.
네, 요즘 너무 많이 먹었습니다.

052

(형용사·형용동사)~すぎる
너무 ~하다

의미 확인하면서 읽기

듣기

이 교과서는 너무 어렵습니다.

この教科書は難しすぎます。

고노 쿄-까쇼와 무즈까시스기마스

*형용사나 형용동사의 어간에 すぎる가 접속하면

사람들이 너무 많습니다.

広場には人が多すぎます。

히로바니와 히또가 오-스기마스

'너무 ~하다'는 뜻의 상1단동사가 된다

이 텔레비전은 너무 비싸군요.

このテレビは高すぎますね。

고노 테레비와 다까스기마스네

사람이 많아서 너무 복잡하군요.

人が多くて賑やかすぎますね。

히또가 오-쿠떼 니기야까스기마스네

賑やかだ 붐비다

이 주택가는 너무 조용하군요.

この住宅街は静かすぎますね。

고노 쥬-타꾸가이와 시즈까스기마스네

그녀의 방은 너무 깨끗합니다.

彼女の部屋は綺麗すぎます。

카노죠노 헤야와 기레-스기마스

綺麗だ 깨끗하다, 예쁘다

136

세 번 쓰고 외우기

✎ この教科書は難しすぎます。

✎ 広場には人が多すぎます。

✎ このテレビは高すぎますね。

✎ 人が多くて賑やかすぎますね。

✎ この住宅街は静かすぎますね。

✎ 彼女の部屋は綺麗すぎます。

Conversation

A: 料理が多かったんですか。
B: ええ、特にご飯が多すぎました。

요리가 많았습니까?
예, 특히 밥이 너무 많았습니다.

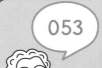
(동사)~ながら
~하면서

의미 확인하면서 읽기

듣기

한눈을 팔면서 운전하는 것은 위험하다.

よそ見をしながら運転するのは危ない。

요소미오 시나가라 운뗀스루노와 아부나이

*동사의 ます가 접속되는 형태에 ながら가 접속하면

그는 아르바이트를 하면서 대학을 다녔습니다.

彼はアルバイトをしながら大学に通いました。

카레와 아루바이토오 시나가라 다이가꾸니 가요이마시다

'~하면서'의 뜻으로 동시동작을 나타낸다

그는 노래를 부르면서 청소를 합니다.

彼は歌を歌いながら掃除をします。

카레와 우따오 우따이나가라 소-지오 시마스

掃除する 청소하다

경찰차가 사이렌을 울리면서 달립니다.

パトカーがサイレンを鳴らしながら走ります。

파토카-가 사이렝오 나라시나가라 하시리마스

鳴らす 울리다

개가 꼬리를 흔들면서 왔습니다.

犬が尾を振りながら来ました。

이누가 오오 후리나가라 기마시다

振る 흔들다

그와 커피를 마시면서 이야기했습니다.

彼とコーヒーを飲みながら話しました。

카레또 코-히-오 노미나가라 하나시마시다

飲む 마시다

세 번 쓰고 외우기

학습일 /

✏ よそ見をしながら運転するのは危ない。 ⊜ ⊜ ⊜

✏ 彼はアルバイトをしながら大学に通いました。 ⊜ ⊜ ⊜

✏ 彼は歌を歌いながら掃除をします。 ⊜ ⊜ ⊜

✏ パトカーがサイレンを鳴らしながら走ります。 ⊜ ⊜ ⊜

✏ 犬が尾を振りながら来ました。 ⊜ ⊜ ⊜

✏ 彼とコーヒーを飲みながら話しました。 ⊜ ⊜ ⊜

Conversation

A: あなたは勉強するとき音楽を聞きますか。

B: はい、いつも音楽を聞きながら勉強します。

당신은 공부할 때 음악을 듣습니까?
네, 항상 음악을 들으면서 공부합니다.

139

054 (동사)~たい

~하고 싶다

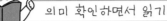
의미 확인하면서 읽기

듣기

오늘은 어머니의 요리를 먹고 싶다.

今日は母の料理が食べたい。

쿄-와 하하노 료-리가 다베따이

*동사의 ます가 접속되는 형태에 たい가 접속하면

언젠가 후지산에 오르고 싶습니다.

いつか富士山に登りたいです。

이쯔까 후지산니 노보리따이데스

'~하고 싶다'의 뜻으로 말하는 사람이나 상대방의 희망을 나타낸다

당신은 지금 무엇을 하고 싶습니까?

あなたは今、何がしたいですか。

아나따와 이마, 나니가 시따이데스까

나는 차가운 물을 마시고 싶습니다.

私は冷たい水が飲みたいです。

와따시와 쓰메다이 미즈가 노미따이데스

*희망의 대상어 뒤에는 일반적으로 조사 が가 쓰인다

조깅은 하고 싶지 않습니까?

ジョギングはしたくありませんか。

죠깅구와 시따꾸 아리마셍까

지금은 아무 데도 가고 싶지 않습니다.

今はどこへも行きたくありません。

이마와 도꼬에모 이키따꾸 아리마셍

どこへも 어디에도

세 번 쓰고 외우기

✎ 今日は母の料理が食べたい。

✎ いつか富士山に登りたいです。

✎ あなたは今、何がしたいですか。

✎ 私は冷たい水が飲みたいです。

✎ ジョギングはしたくありませんか。

✎ 今はどこへも行きたくありません。

Conversation

A: あなたは今、何がいちばんしたいですか。

B: 何もしたくありません。うちで休みたいです。

당신은 지금, 무엇을 가장 하고 싶습니까?

아무 것고 하고 싶지 않습니다. 집에서 쉬고 싶습니다.

055 (동사)~たがる
~하고 싶어 하다

 의미 확인하면서 읽기

 듣기

요시무라 씨는 오사카에 가고 싶어 했습니다.

吉村さんは大阪へ行きたがりました。

요시무라상와 오-사까에 이끼타가리마시다

*동사의 ます가 접속되는 형태에 たがる가 접속하면

그녀는 머리를 자르고 싶어 했습니다.

彼女は髪を切りたがりました。

카노죠와 가미오 기리타가리마시다

'~하고 싶어 하다'의 뜻으로 제3자의 희망을 나타낸다

그는 택시를 타고 싶어합니까?

彼はタクシーに乗りたがりますか。

카레와 타쿠시-니 노리타가리마스까

~に乗る ~을 타다 *탈것의 대상어 뒤에는 조사 를를 쓰지 않는다

아내는 요리를 만들고 싶어 하지 않습니다.

家内は料理を作りたがりません。

카나이와 료-리오 쓰꾸리타가리마셍

*제3자 희망의 대상어 뒤에는 조사 を가 쓰인다

남편은 목욕을 하고 싶어 하지 않습니다.

主人はお風呂に入りたがりません。

슈징와 오후로니 하이리타가리마셍

風呂に入る 목욕을 하다

그는 채소를 먹고 싶어 하지 않습니까?

彼は野菜を食べたがりませんか。

카레와 야사이오 다베타가리마셍까

野菜 야채, 채소

세 번 쓰고 외우기

✎ 吉村さんは大阪へ行きたがりました。

✎ 彼女は髪を切りたがりました。

✎ 彼はタクシーに乗りたがりますか。

✎ 家内は料理を作りたがりません。

✎ 主人はお風呂に入りたがりません。

✎ 彼は野菜を食べたがりませんか。

Conversation

A: 彼は何を買いたがりましたか。
B: デパートで新しい時計を買いたがりました。

그는 무엇을 사고 싶어 했습니까?
백화점에서 새로운 시계를 사고 싶어 했습니다.

143

056 ~でも ~ましょう

~라도 ~합시다

 의미 확인하면서 읽기

 듣기

방 청소라도 합시다.

部屋の掃除でもしましょう。

헤야노 소-지데모 시마쇼-

~ましょうは ~ますの 권유형으로 '~합시다'의 뜻을 나타낸다

커피라도 마십시다.

コーヒーでも飲みましょう。

코-히-데모 노미마쇼-

~でも ~(이)라도

밥이라도 먹을까요?

ご飯でも食べましょうか。

고한데모 다베마쇼-까

~ましょうか ~할까요?

다 같이 노래라도 부를까요?

皆で歌でも歌いましょうか。

민나데 우따데모 우따이마쇼-까

바다에 놀러라도 갑시다.

海へ遊びにでも行きましょう。

우미에 아소비니데모 이끼마쇼-

遊ぶ 놀다

텔레비전 드라마라도 볼까요?

テレビのドラマでも見ましょうか。

테레비노 도라마데모 미마쇼-까

144

세 번 쓰고 외우기

 말하기

✏ 部屋の掃除でもしましょう。

_____

✏ コーヒーでも飲みましょう。

_____

✏ ご飯でも食べましょうか。

_____

✏ 皆で歌でも歌いましょうか。

_____

✏ 海へ遊びにでも行きましょう。

_____

✏ テレビのドラマでも見ましょうか。

_____

Conversation

A: 今日は何をしましょうか。
B: レストランで外食でもしましょう。

오늘은 무엇을 할까요?
레스토랑에서 외식이라도 합시다.

145

057 いくら ~ても[でも]

아무리 ~해도

의미 확인하면서 읽기

아무리 커도 이런 집에서는 살 수 없습니다.

いくら大きくても、こんな家では住めません。

이꾸라 오-키쿠떼모, 곤나 이에데와 스메마셍

아무리 맛있어도 과식하는 것은 좋지 않습니다.

いくらおいしくても、食べすぎはよくありません。

이꾸라 오이시쿠떼모, 다베스기와 요꾸 아리마셍

아무리 값이 싸도 나는 사지 않겠습니다.

いくら値段が安くても、私は買いません。

이꾸라 네당가 야스쿠떼모, 와따시와 가이마셍

아무리 더워도 아이스크림을 먹지 않습니다.

どんなに暑くてもアイスクリームを食べません。

돈나니 아쯔꾸떼모 아이스쿠리무오 다베마셍

どんなに 아무리

아무리 친절해도 그 가게는 가지 않겠습니다.

いくら親切でもあの店には行きません。

이꾸라 신세쯔데모 아노 미세니와 이끼마셍

아무리 교통이 편해도 집세가 비싸면 안됩니다.

どんなに交通が便利でも家賃が高くてはいけません。

돈나니 코-쓰가 벤리데모 야찡가 다카쿠떼와 이께마셍

세 번 쓰고 외우기

말하기

✎ いくら大きくても、こんな家では住めません。

✎ いくらおいしくても、食べすぎはよくありません。

✎ いくら値段が安くても、私は買いません。

✎ どんなに暑くてもアイスクリームを食べません。

✎ いくら親切でもあの店には行きません。

✎ どんなに交通が便利でも家賃が高くてはいけません。

Conversation

A: あの店は親切で、値段もやすいですよ。
B: 私はいくら親切でも値段が安くても行きません。

저 가게는 친절하고, 값도 싸요.
난 아무리 친절해도, 값이 싸도 가지 않겠습니다.

058 ~から ~まで

~부터 ~까지

의미 확인하면서 읽기

어제 집에서 공원까지 사이클링을 했습니다.

昨日、家から公園までサイクリングをしました。
<ruby>昨日<rt>きのう</rt></ruby> <ruby>家<rt>いえ</rt></ruby> <ruby>公園<rt>こうえん</rt></ruby>

기노- 이에까라 코-엔마데 사이쿠링구오 시마시다

서울에서 부산까지 어느 정도 걸립니까?

ソウルからブサンまでどのくらいかかりますか。

서우루까라 부삼마데 도노쿠라이 가까리마스까

かかる (시간, 돈, 거리가) 걸리다, 들다

오전 9시부터 오후 6시까지 일합니다.

午前9時から午後6時まで働きます。
<ruby>午前<rt>ごぜん</rt></ruby> <ruby>時<rt>じ</rt></ruby> <ruby>午後<rt>ごご</rt></ruby> <ruby>時<rt>じ</rt></ruby> <ruby>働<rt>はたら</rt></ruby>

고젱 쿠지까라 고고 로꾸지마데 하따라끼마스

働く 일하다

이번 달부터 다음 달까지 짬이 없습니다.

今月から来月まで暇はありません。
<ruby>今月<rt>こんげつ</rt></ruby> <ruby>来月<rt>らいげつ</rt></ruby> <ruby>暇<rt>ひま</rt></ruby>

콩게쯔까라 라이게쯔마데 히마와 아리마셍

暇 짬, 여가

역에서 아파트까지 걸었습니다.

駅からアパートまで歩きました。
<ruby>駅<rt>えき</rt></ruby> <ruby>歩<rt>ある</rt></ruby>

에끼까라 아파-토마데 아루끼마시다

歩く 걷다

당신은 몇 시부터 몇 시까지 공부를 합니까?

あなたは何時から何時まで勉強をしますか。
<ruby>何時<rt>なんじ</rt></ruby> <ruby>何時<rt>なんじ</rt></ruby> <ruby>勉強<rt>べんきょう</rt></ruby>

아나따와 난지까라 난지마데 벵꾜-오 시마스까

세 번 쓰고 외우기

🔊 말하기

✎ 昨日、家から公園までサイクリングをしました。 ◡ ◡ ◡

✎ ソウルからブサンまでどのくらいかかりますか。 ◡ ◡ ◡

✎ 午前9時から午後6時まで働きます。 ◡ ◡ ◡

✎ 今月から来月まで暇はありません。 ◡ ◡ ◡

✎ 駅からアパートまで歩きました。 ◡ ◡ ◡

✎ あなたは何時から何時まで勉強をしますか。 ◡ ◡ ◡

Conversation

A: 家から会社まで何で行きますか。
B: 毎日地下鉄で行きます。

집에서 회사까지 무엇으로 갑니까?
매일 지하철로 갑니다.

◡ ◡ ◡

059

~より ~[の]ほうが~
~보다 ~(쪽)이 ~

외미 확인하면서 읽기

버스보다 전철로 가는 게 빨라.

バスより電車で行くほうが速いよ。

바스요리 덴샤데 이꾸 호-가 하야이요

~より ~보다(비교)

수영은 바다보다 풀장이 안전해요.

水泳は海よりプールのほうが安全ですよ。

스이에-와 우미요리 푸-루노 호-가 안젠데스요

고기요리보다 생선요리가 건강에 좋아요.

肉料理より魚料理のほうが健康にいいですよ。

니꾸료-리요리 사까나료-리노 호-가 겡꼬-니 이-데스요

버스보다 택시가 편합니다.

バスよりタクシーのほうが便利です。

바스요리 타꾸시-노 호-가 벤리데스

나는 위스키보다 맥주를 좋아합니다.

僕はウイスキーよりビールのほうが好きです。

보꾸와 우이스키-요리 비-루노 호-가 스끼데스

더운 여름보다 추운 겨울이 좋습니다.

暑い夏より寒い冬のほうがいいです。

아쯔이 나쯔요리 사무이 후유노 호-가 이-데스

말하기

✎ バスより電車で行くほうが速いよ。 😄😄😄

✎ 水泳は海よりプールのほうが安全ですよ。 😄😄😄

✎ 肉料理より魚料理のほうが健康にいいですよ。 😄😄😄

✎ バスよりタクシーのほうが便利です。 😄😄😄

✎ 僕はウイスキーよりビールのほうが好きです。 😄😄😄

✎ 暑い夏より寒い冬のほうがいいです。 😄😄😄

Conversation

A: あなたは野球が好きですか

B: いいえ、野球よりサッカーのほうが好きです。

당신은 야구를 좋아합니까?
아니오, 야구보다 축구를 좋아합니다.

060

~の中で、いちばん

~ 중에서, ~가장

 의미 확인하면서 읽기

듣기

외국어 중에 어느 것이 가장 어렵습니까?

外国語の中で、どれがいちばん難しいですか。

가이코꾸고노 나까데, 도레가 이찌밤 무즈까시-데스까

스포츠 중에 무엇을 가장 좋아합니까?

スポーツの中で、何がいちばん好きですか。

스포-츠노 나까데, 나니가 이찌반 스끼데스까

노래 중에 어떤 노래를 가장 잘 부릅니까?

歌の中で、どんな歌がいちばんうまいですか。

우따노 나까데, 돈나 우따가 이찌방 우마이데스까

한자 중에 어느 글자가 가장 쓰기 힘듭니까?

漢字の中で、どの字がいちばん書きにくいですか。

칸지노 나까데, 도노 지가 이찌방 가끼니꾸이데스까

일본에서 어디가 가장 인상에 남았습니까?

日本でどこがいちばん印象に残りましたか。

니혼데 도꼬가 이찌방 인쇼-니 노꼬리마시다까

残る 남다

한국에서 어디를 가장 가고 싶습니까?

韓国でどこがいちばん行きたいですか。

캉코꾸데 도꼬가 이찌방 이끼따이데스까

세 번 쓰고 외우기

✏ 外国語の中で、どれがいちばん難しいですか。

✏ スポーツの中で、何がいちばん好きですか。

✏ 歌の中で、どんな歌がいちばんうまいですか。

✏ 漢字の中で、どの字がいちばん書きにくいですか。

✏ 日本でどこがいちばん印象に残りましたか。

✏ 韓国でどこがいちばん行きたいですか。

Conversation

A: これらの中でどれがいちばん食べたいですか。
B: 私は今はどれも食べたくありません。

이것들 중에 어느 게 가장 먹고 싶습니까?
나는 지금은 어느 것도 먹고 싶지 않습니다.

061 (명사)~になる
~이(가) 되다

 의미 확인하면서 읽기

당신은 선생님이 되고 싶습니까?

あなたは先生になりたいですか。

아나따와 센세-니 나리따이데스까

명사에 ~になる가 접속하면 '~이(가) 되다'의 뜻이 된다

그는 일본 제일의 음악가가 되었습니다.

彼は日本一の音楽家になりました。

카레와 니홍이찌노 옹가꾸까니 나리마시다

우리말로 직역하여 ~がなる가 되지 않도록 주의한다

벌써 단풍의 계절이 되었군요.

もう紅葉の季節になりましたね。

모- 모미지노 기세쯔니 나리마시따네

선생님의 강의는 휴강이 되었습니다.

先生の講義は休講になりました。

센세-노 코-기와 큐-꼬-니 나리마시다

休講 휴강

벌써 오후 5시가 되었습니다.

もう午後5時になりました。

모- 고고 고지니 나리마시다

이 아이는 장래 과학자가 되는 것입니다.

この子は将来科学者になることです。

고노 꼬와 쇼-라이 카가꾸샤니 나루 고또데스

こと 일, 것

말하기

あなたは先生になりたいですか。

彼は日本一の音楽家になりました。

もう紅葉の季節になりましたね。

先生の講義は休講になりました。

もう午後5時になりました。

この子は将来科学者になることです。

Conversation

A: あなたは将来何になりたいですか。
しょうらいなに

B: 私は新聞記者になりたいです。
わたし しんぶん き しゃ

당신은 장래 무엇이 되고 싶습니까?
나는 신문기자가 되고 싶습니다.

155

(형용사)~くなる
~하게 되다(해지다)

 의미 확인하면서 읽기

 듣기

점점 서늘해집니다.

だんだん涼しくなります。
단단 스즈시꾸 나리마스

형용사에 ~なる가 접속하면 '~하게 되다, ~해지다'의 뜻을 나타낸다

가네코 양은 무척 아름다워졌습니다.

金子さんはずいぶん美しくなりました。
가네꼬상와 즈이붕 우쯔꾸시꾸 나리마시다

이제부터 일본어는 어려워집니다.

これから日本語は難しくなります。
고레까라 니홍고와 무즈까시꾸 나리마스

7월부터 점점 무더워집니다.

7月からだんだん蒸し暑くなります。
시찌가쯔까라 단담 무시아쯔꾸 나리마스

むし暑い 무덥다

요즘 일은 바빠졌습니까?

この頃お仕事は忙しくなりましたか。
고노고로 오시고또와 이소가시꾸 나리마시다까

忙しい 바쁘다

아드님은 무척 컸군요.

お子さんはずいぶん大きくなりましたね。
오꼬상와 즈이붕 오-키꾸 나리마시따네

156

세 번 쓰고 외우기

だんだん涼しくなります。

金子さんはずいぶん美しくなりました。

これから日本語は難しくなります。

7月からだんだん蒸し暑くなります。

この頃お仕事は忙しくなりましたか。

お子さんはずいぶん大きくなりましたね。

Conversation

A: 髪の毛がずいぶん長くなりましたね。
B: ええ、もう３か月ですよ。

머리카락이 무척 길었군요.
예, 벌써 3개월이에요.

063 (형용동사)~になる
~하게 되다(해지다)

의미 확인하면서 읽기

들기

이 거리도 깨끗해졌군요.

この街も綺麗になりましたね。
まち　　きれい

고모 마찌모 기레-니 나리마시따네

*형용동사의 어간에 ~になる가 접속하면

약을 먹고 편해졌습니다.

薬を飲んで楽になりました。
くすり　の　　　らく

구스리오 논데 라꾸니 나리마시다

'~하게 되다, ~해지다'의 뜻을 나타낸다 / 薬を飲む 약을 먹다

김씨는 일본어가 능숙해졌습니다.

キムさんは日本語が上手になりました。
に　ほん　ご　　じょう　ず

기무상와 니홍고가 죠-즈니 나리마시다

↔ 下手(へた)だ 서투르다

이 상품은 유명해졌습니다.

この商品は有名になりました。
しょうひん　ゆうめい

고노 쇼-힝와 유-메-니 나리마시다

나도 골프를 좋아하게 되었습니다.

私もゴルフが好きになりました。
わたし　　　　　　　す

와따시모 고루후가 스끼니 나리마시다

↔ 嫌(きら)いだ 싫어하다

이 주변도 상당히 조용해졌습니다.

この辺りもなかなか静かになりました。
あた　　　　　　　　しず

고노 아따리모 나까나까 시즈까니 나리마시다

세 번 쓰고 외우기

 말하기

この街も綺麗になりましたね。

薬を飲んで楽になりました。

キムさんは日本語が上手になりました。

この商品は有名になりました。

私もゴルフが好きになりました。

この辺りもなかなか静かになりました。

Conversation

A: お母さんはもう元気になりましたか。
B: はい、お陰さまで元気になりました。

어머니는 이제 건강해졌습니까?
네, 덕분에 건강해졌습니다.

(형용사)~くする

~하게 하다

 의미 확인하면서 읽기

바지 자락은 길게 하겠습니까?

ズボンの裾は長くしますか。

즈본노 스소와 나가꾸 시마스까

형용사에 를 する접속하면 '~하게 하다'의 뜻을 나타낸다

가격을 조금 싸게 했습니다.

値段を少し安くしました。

네당오 스꼬시 야스꾸 시마시다

카레는 맵지 않게 했습니다.

カレーは辛くなくしました。

카레-와 카라쿠나꾸 시마시다

辛い 맵다 / 辛くない 맵지 않다

빵을 조금 달게 했습니다.

パンを少し甘くしました。

팡오 스꼬시 아마꾸 시마시다

甘い 달다

이번에 벽을 페인트로 하얗게 했습니다.

今度、壁をペイントで白くしました。

곤도, 카베오 페인토데 시로꾸 시마시다

~で ~으로(수단)

선풍기는 공기를 시원하게 합니다.

扇風機は空気を涼しくします。

셈푸-끼와 쿠-끼오 스즈시꾸 시마스

涼しい 시원하다

말하기

ズボンの裾は長くしますか。

値段を少し安くしました。

カレーは辛くなくしました。

パンを少し甘くしました。

今度、壁をペイントで白くしました。

扇風機は空気を涼しくします。

Conversation

A: 部屋がちょっと暗くありませんか。

B: そうですね。少し明るくしましょうか。

방이 좀 어둡지 않습니까?

그렇군요. 좀 밝게 할까요?

(명사·형용동사)~にする

~으로 하다 / ~하게 하다

의미 확인하면서 읽기

나는 차가운 맥주로 하겠습니다.

私は冷たいビールにします。

와따시와 쓰메따이 비-루니 시마스

명사에 ~にする가 접속하면 선택을 나타낸다

밥으로 하시겠어요, 빵으로 하시겠어요?

ご飯にしますか、パンにしますか。

고한니 시마스까, 판니 시마스까

스케줄을 좀 더 편하게 합시다.

スケジュールをもっと楽にしましょう。

스케쥬-루오 못또 라꾸니 시마쇼-

형용동사에 する가 접속하면 '~하게 하다'의 뜻을 나타낸다

복장은 간소하게 합시다.

服装は簡素にしましょう。

후꾸소-와 칸소니 시마쇼-

簡素だ 간소하다

여러분, 여기서는 조용히 합시다.

皆さん、ここでは静かにしましょう。

미나상, 고꼬데와 시즈까니 시마쇼-

복잡한 것을 간단히 했습니다.

複雑なことを簡単にしました。

후꾸자쓰나 고또오 간딴니 시마시다

簡単だ 간단하다

세 번 쓰고 외우기

🔊 말하기

✏ 私は冷たいビールにします。 😋 😋 😋

~~~~~~

✏ ご飯にしますか、パンにしますか。 😋 😋 😋

~~~~~~

✏ スケジュールをもっと楽にしましょう。 😋 😋 😋

~~~~~~

✏ 服装は簡素にしましょう。 😋 😋 😋

~~~~~~

✏ 皆さん、ここでは静かにしましょう。 😋 😋 😋

~~~~~~

✏ 複雑なことを簡単にしました。 😋 😋 😋

~~~~~~

Conversation

A: コーヒーにしますか。それとも紅茶(こうちゃ)にしますか。
B: 熱(あつ)いコーヒーにします。
　 커피로 하시겠습니까, 아니면 홍차로 하시겠습니까?
　 뜨거운 커피로 하겠습니다.

👂 👂 👂

PART 05

동사의 て형
イ음편 - いて(で)
촉음편 - って
하네루음편 - んで
무음편 - て

기초 일본어 문법

▶ 1단동사의 て형

1단동사와 변격동사의 경우 접속조사 て가 이어질 때는 앞서 배운 ます가 접속할 때와 마찬가지로 어미 る가 생략된 형태에 이어집니다. 이것을 편의상 て형으로 하겠습니다.

기본형	의 미	~て	의 미
起(お)きる	일어나다	起きて	일어나고, 일어나서
食(た)べる	먹다	食べて	먹고, 먹어서

▶ イ음편

5단동사의 기본형 어미가 く·ぐ인 경우에 나열·동작의 연결·원인·이유·설명을 나타내는 접속조사 て가 이어질 때는 어미 く·ぐ가 い로 바뀝니다. 이것을 い음편이라고 합니다. 단, 어미가 ぐ인 경우는 탁음이 て에 이어져 で로 연탁이 되므로 주의해야 합니다.

기본형	의 미	~て	의 미
書(か)く	쓰다	書いて	쓰고, 써서
泳(およ)ぐ	헤엄치다	泳いで	헤엄치고, 헤엄쳐서

▶ 촉음편

5단동사의 기본형 어미가 う·つ·る인 경우에 나열·동작의 연결·원인·이유·설명을 나타내는 접속조사 て가 이어질 때는 어미 う·つ·る가 촉음 っ로 바뀝니다. 이것을 촉음편이라고 합니다.

기본형	의 미	~て	의 미
買(か)う	사다	買って	사고, 사서
待(ま)つ	기다리다	待って	기다리고, 기다려서
乗(の)る	타다	乗って	타고, 타서

▶ 하네루 음편

5단동사의 기본형 어미가 ぬ·む·ぶ인 경우에 나열·동작의 연결·원인·이유·설명을 나타내는 접속조사 て가 이어질 때는 어미 ぬ·む·ぶ가 하네루 음인 ん으로 바뀝니다. 이것을 하네루 음편이라고 합니다. 하네루 음편의 경우는 ん의 영향으로 접속조사 て가 で로 탁음이 됩니다.

기본형	의 미	~て	의 미
飲(の)む	마시다	飲んで	마시고, 마셔서
呼(よ)ぶ	부르다	呼んで	부르고, 불러서
死(し)ぬ	죽다	死んで	죽고, 죽어서

▶ 5단동사의 무음편과 예외

5단동사 중에 어미가 **す**로 끝나는 것은 **ます**가 접속될 때와 마찬가지로 음편을 하지 않습니다. 또한 5단동사 중에 유일하게 **行く**(가다)만은 **い**음편을 하지 않고 촉음편을 합니다.

기본형	의 미	~て	의 미
話(はな)す	이야기하다	話して	이야기하고
行(い)く	가다	行って	가고, 가서

▶ 변격동사의 て형

변격동사인 **くる**(오다)와 **する**(하다)에 나열·동작의 연결·원인·이유·설명을 나타내는 접속조사 **て**가 이어질 때도 **ます**가 접속될 때처럼 어간이 **き·し**로 변하고 어미 **る**가 탈락됩니다.

기본형	의 미	~て	의 미
来(く)る	오다	きて	오고, 와서
する	하다	して	하고, 해서

▶ 예외적인 5단동사 て형

형태상 1단동사이지만 5단동사 활용을 하는 예외적인 5단동사는 어미가 **る**이므로 촉음편을 합니다.

기본형	~て(✗)	~って(◯)	의 미
知(し)る	知て	知って	알고, 알아서
入(はい)る	入て	入って	들어가고, 들어가서
走(はし)る	走て	走って	달리고, 달려서
帰(かえ)る	帰て	帰って	돌아가고, 돌아가서

의미 확인하면서 읽기

듣기

아침에 일어나서 무엇을 합니까?

朝起きて何をしますか。

아사 오끼떼 나니오 시마스까

起きる 일어나다

운동복을 입고 조깅을 합니다.

スポーツウエアーを着てジョギングをします。

스포-츠우에아-오 기떼 죠깅구오 시마스

着る 입다

급한 일이 생겨서 가지 않았습니다.

急用ができて、行きませんでした。

큐-요-가 데끼떼, 이끼마센데시다

できる 생기다, 할 수 있다

열이 나서 쉬었습니다.

熱が出て、休みました。

네쯔가 데떼, 야스미마시다

出る 나(오)다

텔레비전을 보고 신문을 읽습니다.

テレビを見て新聞を読みます。

테레비오 미떼 심붕오 요미마스

見る 보다

그는 개를 데리고 공원에 갔습니다.

彼は犬を連れて公園へ行きました。

카레와 이누오 쓰레떼 코-엥에 이끼마시다

連れる 데리고 가(오)다

세 번 쓰고 외우기

✏ 朝起きて何をしますか。

_____

✏ スポーツウエアーを着てジョギングをします。

_____

✏ 急用ができて、行きませんでした。

_____

✏ 熱が出て、休みました。

_____

✏ テレビを見て新聞を読みます。

_____

✏ 彼は犬を連れて公園へ行きました。

_____

Conversation

A: パーティーに何を着て参加しましたか。
B: 素敵な背広を着て参加しました。

파티에 무엇을 입고 참석했습니까?
멋진 양복을 입고 참석했습니다.

169

(5단동사)~いて[で]・して

~하고, 하며, 해서

의미 확인하면서 읽기

감기에 걸려 학교를 쉬었습니다.

風邪を引いて、学校を休みました。

카제오 히이떼, 각꼬-오 야스미마시다

風邪を引く 감기에 걸리다

전등을 끄고 잠자리에 들었습니다.

電灯を消して、ベッドに入りました。

덴또-오 게시떼, 벳도니 하이리마시다

消す 끄다

글자를 써서 설명을 했습니다.

字を書いて、説明をしました。

지오 가이떼, 세쯔메-오 시마시다

書く 쓰다

외투를 벗고 안으로 들어갔습니다.

外套を脱いで、中に入りました。

가이또-오 누이데, 나까니 하이리마시다

脱ぐ (옷을) 벗다

풀장에서 헤엄치고 집에 왔습니다.

プールで泳いで、うちへ帰りました。

푸-루데 오요이데, 우찌에 가에리마시다

泳ぐ 헤엄치다

편지를 부치고 회사에 갔습니다.

手紙を出して会社へ行きました。

데가미오 다시떼 카이샤에 이끼마시다

手紙を出す 편지를 부치다

067

듣기

세 번 쓰고 외우기

📢 말하기

✏ 風邪を引いて、学校を休みました。

✏ 電灯を消して、ベッドに入りました。

✏ 字を書いて、説明をしました。

✏ 外套を脱いで、中に入りました。

✏ プールで泳いで、うちへ帰りました。

✏ 手紙を出して会社へ行きました。

Conversation

A: 昨日はどうして会社を休みましたか。
B: ひどい風邪を引いて病院へ行きました。

어제는 어째서 회사를 쉬었습니까?
심한 감기에 걸려서 병원에 갔습니다.

068 (5단동사)~って

~하고, 하며, 해서

의미 확인하면서 읽기

듣기

친구를 만나서 영화를 보았습니다.

友達に会って映画を見ました。

도모다찌니 앗떼 에-가오 미마시다

~に会う ~를 만나다

그 서점은 책도 팔고, 커피도 팔았습니다.

あの書店は本も売って、コーヒーも売りました。

아노 쇼뗑와 홈모 웃떼, 코-히-모 우리마시다

売る 팔다 ↔ 買(か)う 사다

선물을 들고 고향에 갔습니다.

お土産を持って国へ帰りました。

오미야게오 못떼 구니에 가에리마시다

持つ 들다

역에서 요시무라 씨도 기다리고 나카무라 씨도 기다렸습니다.

駅で吉村さんも待って、中村さんも待ちました。

에끼데 요시무라삼모 맛떼, 나까무라삼모 마찌마시다

待つ 기다리다

버스를 타고 회사에 갑니다.

バスに乗って会社へ行きます。

바스니 놋떼 카이샤에 이끼마스

~に乗る ~을 타다

백화점에 가서 무엇을 샀습니까?

デパートへ行って何を買いましたか。

데파-토에 잇떼 나니오 가이마시다까

行く(가다)는 예외적으로 イ음편을 하지 않고 촉음편을 한다

세 번 쓰고 외우기

 말하기

학습일 /

✏ 友達に会って映画を見ました。　😋😋😋

✏ あの書店は本も売って、コーヒーも売りました。　😋😋

✏ お土産を持って国へ帰りました。　😋😋😋

✏ 駅で吉村さんも待って、中村さんも待ちました。　😋😋😋

✏ バスに乗って会社へ行きます。　😋😋😋

✏ デパートへ行って何を買いましたか。　😋😋😋

Conversation

A: 昨日、誰かに会いましたか。
きのう だれ あ
B: はい、友達に会って公園で散歩をしました。
ともだち あ こうえん さんぽ

어제 누군가를 만났습니까?
네, 친구를 만나서 공원에서 산책을 했습니다.　👂👂👂

173

(5단동사)~んで

~하고, 하며, 해서

 의미 확인하면서 읽기

듣기

귀여운 개가 죽어 울었습니다.

可愛い犬が死んで、泣きました。

가와이- 이누가 신데, 나끼마시다

死ぬ 죽다

좀 쉬고 일을 시작하겠습니다.

少し休んで仕事を始めます。

스꼬시 야슨데 시고또오 하지메마스

休む 쉬다

어젯밤은 책을 읽고 잤습니다.

夕べは本を読んで寝ました。

유-베와 홍오 욘데 네마시다

読む 읽다

어제 주스도 마시고 맥주도 마셨습니다.

昨日、ジュースも飲んで、ビールも飲みました。

기노-, 쥬-스모 논데, 비-루모 노미마시다

飲む 마시다

새는 하늘을 날고, 사람들은 공원을 걸었습니다.

鳥は空を飛んで、人々は公園を歩きました。

도리와 소라오 돈데, 히토비또와 코-엥오 아루끼마시다

飛ぶ 날다 / 々 반복부호

여러분의 이름을 불러 보겠습니다.

皆さんの名前を呼んでみます。

미나산노 나마에오 욘데 미마스

呼ぶ 부르다

세 번 쓰고 외우기

🖋 可愛い犬が死んで、泣きました。

🖋 少し休んで仕事を始めます。

🖋 夕べは本を読んで寝ました。

🖋 昨日、ジュースも飲んで、ビールも飲みました。

🖋 鳥は空を飛んで、人々は公園を歩きました。

🖋 皆さんの名前を呼んでみます。

Conversation

A: 薬を飲んでよくなりましたか。
B: はい、薬を飲んでぐっすり寝ました。

약을 먹고 좋아졌습니까?
네, 약을 먹고 푹 잤습니다.

175

070	**して・きて / ~って**
	~하고, 하며, 해서

의미 확인하면서 읽기

듣기

늦잠을 자서 지각했습니다.

朝寝坊をして 遅刻しました。

아사네보-오 시떼 치코꾸시마시다

朝寝坊をする 늦잠을 자다 / します → して

밖에서 무엇을 하고 집에 갔습니까?

外で何をして うちへ 帰りましたか。

소또데 나니오 시떼 우찌에 가에리마시다까

친구가 와서 테니스를 하고 놀았습니다.

友達が 来て テニスをして 遊びました。

도모다찌가 기떼 테니스오 시떼 아소비마시다

くる 오다 / きます → きて

집에 가서 청소를 했습니다.

うちへ 帰って 掃除をしました。

우찌에 가엣떼 소-지오 시마시다

帰る 돌아가(오)다

방에 들어와서 음악을 들었습니다.

部屋に 入って 音楽を 聞きました。

헤야니 하잇데 옹가꾸오 기끼마시다

入る 들어가(오)다

차가 달리고, 옆에는 사람이 걸어갔습니다.

車が 走って、側には 人が 歩いて 行きました。

구루마가 하싯떼, 소바니와 히또가 아루이떼 이끼마시다

走る 달리다

세 번 쓰고 외우기

朝寝坊をして遅刻しました。

外で何をしてうちへ帰りましたか。

友達が来てテニスをして遊びました。

うちへ帰って掃除をしました。

部屋に入って音楽を聞きました。

車が走って、側には人が歩いて行きました。

Conversation

A: あなたはこの店に来て何を買いましたか。

B: ここに来てネクタイを買いました。

당신은 이 가게에 와서 무엇을 샀습니까?
여기에 와서 넥타이를 샀습니다.

071

(동사)~ている

~하고 있다

 의미 확인하면서 읽기

 듣기

김씨는 식료품을 사고 있습니다.

キムさんは食料品を買っています。

기무상와 쇼꾸료-힝오 갓떼 이마스

*동사에 ~ている가 접속하면 '~하고 있다'의 뜻으로

당신은 무엇을 하고 있었습니까?

あなたは何をしていましたか。

아나따와 나니오 시떼 이마시다까

동작의 진행을 나타낸다

그는 레스토랑에서 무엇을 먹고 있습니까?

彼はレストランで何を食べていますか。

카레와 레스토란데 나니오 다베떼 이마스까

食べる 먹다

차가 많이 달리고 있습니다.

車がたくさん走っています。

구루마가 닥상 하싯떼 이마스

たくさん 많이

그는 밥을 먹고 이를 닦고 있습니다.

彼はご飯を食べて歯を磨いています。

카레와 고항오 다베떼 하오 미가이떼 이마스

磨く 닦다

차가운 주스를 마시고 있습니다.

冷たいジュースを飲んでいます。

쓰메다이 쥬-스오 논데 이마스

冷たい 차갑다 / 飲む 마시다

세 번 쓰고 외우기

 말하기

✎ キムさんは食料品を買っています。

✎ あなたは何をしていましたか。

✎ 彼はレストランで何を食べていますか。

✎ 車がたくさん走っています。

✎ 彼はご飯を食べて歯を磨いています。

✎ 冷たいジュースを飲んでいます。

Conversation

A: 今、何をしていますか。
B: 試験の勉強をしています。

지금, 무엇을 하고 있습니까?
시험공부를 하고 있습니다.

072

(동사)~ている

~되어 있다

의미 확인하면서 읽기

듣기

요시다씨는 결혼했습니다.

吉田さんは結婚しています。

요시다상와 겍꼰시떼 이마스

*~ている는 상태를 나타내는 동사에 접속하면

꽃이 많이 피어 있습니다.

花がたくさん咲いています。

하나가 닥상 사이떼 이마스

'~어 있다'의 뜻으로 동작이 행해진 상태를 나타낸다

시계가 멈춰 있습니다.

時計が止まっています。

도께-가 도맛떼 이마스

止まる 멈추다

벌레가 죽어 있습니다.

虫が死んでいます。

무시가 신데 이마스

死ぬ 죽다

부인은 빨간 모자를 쓰고 있습니까?

奥さんは赤い帽子をかぶっていますか。

옥상와 아까이 보-시오 가붓떼 이마스까

かぶる 쓰다

요시다 선생님은 학자로서 뛰어납니다.

吉田先生は学者として優れています。

요시다 센세-와 가꾸샤도시떼 스구레떼 이마스

優れる 뛰어나다, 似る 닮다 등은 ~ている 형태로만 쓰인다

세 번 쓰고 외우기

 말하기

✏ 吉田さんは結婚しています。

✏ 花がたくさん咲いています。

✏ 時計が止まっています。

✏ 虫が死んでいます。

✏ 奥さんは赤い帽子をかぶっていますか。

✏ 吉田先生は学者として優れています。

Conversation

A: あなたは誰かに似ていますか。
B: はい、私は父親によく似ています。

당신은 누구를 닮았습니까?
네, 저는 아버지를 많이 닮았습니다.

073

(동사)~てある

~되어 있다

의미 확인하면서 읽기

듣기

벽에 지도가 붙어 있습니다.

壁に地図が貼ってあります。

<small>かべ　　ちず　　は</small>

카베니 치즈가 핫떼 아리마스

*~てある는 '~되어 있다'의 뜻으로

피아노 그림이 걸려 있습니다.

ピアノの絵がかけてあります。

<small>え</small>

피아노노 에가 가케떼 아리마스

행위나 동작의 결과의 상태를 나타낸다

물건이 깨끗이 진열되어 있군요.

品物が綺麗に並べてありますね。

<small>しなもの　　　きれい　　なら</small>

시나모노가 기레-니 나라베떼 아리마스네

並べる 진열하다, 늘어놓다

방에 장미꽃이 장식되어 있습니다.

部屋にバラの花が飾ってあります。

<small>へ　や　　　　　　はな　　かざ</small>

헤야니 바라노 하나가 카잣떼 아리마스

飾る 장식하다

테이블에 과일이 놓여 있습니다.

テーブルに果物が置いてあります。

<small>くだもの　　お</small>

테-부루니 구다모노가 오이떼 아리마스

置く 두다, 놓다

노트에는 이름이 적혀 있습니까?

ノートには名前が書いてありますか。

<small>なまえ　　か</small>

노-토니와 나마에가 가이떼 아리마스까

名前 이름

세 번 쓰고 외우기

말하기

壁に地図が貼ってあります。

ピアノの絵がかけてあります。

品物が綺麗に並べてありますね。

部屋にバラの花が飾ってあります。

テーブルに果物が置いてあります。

ノートには名前が書いてありますか。

Conversation

A: 野村(のむら)さん、ファイルはどこにありますか。

B: 上(うえ)から2番目(ばんめ)の引(ひ)き出(だ)しに入(い)れてあります。

노무라씨, 파일은 어디에 있습니까?
위에서 두 번째 서랍에 들어 있습니다.

183

074

(동사)~てある
~해두다

 의미 확인하면서 읽기

 듣기

그 소설은 이미 읽었습니다.
あの小説はもう読んであります。
아노 쇼-세쯔와 모- 욘데 아리마스

*타동사의 ~てある가 접속하면 '~해 두다'의 뜻으로

벌써 환전해 두었습니다.
もう両替してありました。
모- 료-가에시떼 아리마시다

준비한 행위나 동작의 완료를 나타낸다

정원에는 작은 나무가 심어져 있습니다.
庭には小さな木が植えてあります。
니와니와 치이사나 기가 우에떼 아리마스

植える 심다

재료를 잘라 두었습니다.
材料を切ってありました。
자이료-오 깃떼 아리마시다

切る 자르다

대금은 이미 지불해 두었습니다.
代金はもう払ってありました。
다이낑와 모- 하랏떼 아리마시다

払う 지불하다

여행 준비를 해 두었습니까?
旅行の準備をしてありましたか。
료꼬-노 쥼비오 시떼 아리마시다까

세 번 쓰고 외우기

말하기

あの小説はもう読んであります。

もう両替してありました。

庭には小さな木が植えてあります。

材料を切ってありました。

代金はもう払ってありました。

旅行の準備をしてありましたか。

Conversation

A: コンサートのチケットは買いましたか。
B: はい、先週もう買ってありました。

콘서트 티켓은 샀습니까?
네, 지난주에 이미 사 두었습니다.

185

(동사)~ておく
~해두다

의미 확인하면서 읽기

자료는 파일로 보존해 두겠습니다.

資料はファイルに保存しておきます。

시료-와 화이루니 호존시떼 오끼마스

*~ておく는 '~해두다'의 뜻으로 행위나 동작 결과의 보존 상태를

가방을 저 로커에 보관해 두었습니다.

かばんをあのロッカーに保管しておきました。

가방오 아노 록카-니 호깐시떼 오끼마시다

나타내기도 하고, 준비상태를 나타내기도 한다

장미꽃을 거실에 장식해 둡니다.

バラの花を居間に飾っておきます。

바라노 하나오 이마니 카잣떼 오끼마스

居間 거실

맥주를 차갑게 해두었습니다.

ビールを冷やしておきました。

비-루오 히야시떼 오끼마시다

冷やす 차갑게 하다, 식히다

과자랑 음료수를 사두었습니다.

お菓子や飲み物を買っておきました。

오까시야 노미모노오 갓떼 오끼마시다

飲み物 마실 것, 음료 ↔ 食べ物 먹을 것

그럼, 지금 뭔가 먹어 두겠습니다.

じゃ、今のうち、何か食べておきます。

쟈, 이마노 우찌, 나니까 다베떼 오끼마스

今のうち (뒤로 미루지 말고) 지금

말하기

✎ 資料はファイルに保存しておきます。

✎ かばんをあのロッカーに保管しておきました。

✎ バラの花を居間に飾っておきます。

✎ ビールを冷やしておきました。

✎ お菓子や飲み物を買っておきました。

✎ じゃ、今のうち、何か食べておきます。

Conversation

A: 君、見積書、できているかね。
B: はい、デスクの上に提出しておきました。

자네, 견적서 다 되었나?
네, 책상 위에 제출해 두었습니다.

076 (동사)~てから
~하고 나서

의미 확인하면서 읽기

듣기

돈을 모으고 나서 결혼하겠습니다.

お金をためてから、結婚します。

오까네오 다메떼까라, 겍꼰시마스

*~てから는 우리말의 '~하고 나서'의 뜻으로 앞의 동작이 일어난

복습하고 나서 새 내용을 공부합니다.

復習してから、新しい内容を勉強します。

후꾸슈-시떼까라, 아따라시- 나이요-오 벵꾜-시마스

후에 다른 동작이 행해지는 것을 나타낸다

집에 가서 무엇을 합니까?

家に帰ってから、何をしますか。

이에니 가엣떼까라, 나니오 시마스까

帰る 돌아가(오)다

운동을 하고 나서 샤워를 합니다.

運動をしてから、シャワーを浴びます。

운도-오 시떼까라, 샤와-오 아비마스

シャワーを浴びる 샤워를 하다

과일은 잘 씻고 나서 먹습니까?

果物はよく洗ってから食べますか。

구다모노와 요꾸 아랏떼까라 다베마스까

洗う 씻다

텔레비전을 보고 나서 숙제를 했습니다.

テレビを見てから宿題をしました。

테레비오 미떼까라 슈꾸다이오 시마시다

188

말하기

✏ お金をためてから、結婚します。

✏ 復習してから、新しい内容を勉強します。

✏ 家に帰ってから、何をしますか。

✏ 運動をしてから、シャワーを浴びます。

✏ 果物はよく洗ってから食べますか。

✏ テレビを見てから宿題をしました。

Conversation

A: お友達に会って、何をしましたか。
B: 映画を見てから、ビールも飲みました。

친구를 만나서 무엇을 했습니까?
영화를 보고 나서 맥주를 마셨습니다.

077

(동사)~てみる
~해보다

 의미 확인하면서 읽기

듣기

빈자리가 있는지 없는지 물어보겠습니다.

空席があるかどうか聞いてみます。
쿠-세끼가 아루까 도-까 기이떼 미마스

~てみる는 '~해보다'의 뜻으로 동작이나 행위의 시도를 나타낸다

체온계로 재보겠습니다.

体温計で計ってみます。
타이옹께-데 하깟떼 미마스

計る 재다

알몸으로 헤엄쳐보지 않겠어요?

裸になって泳いでみませんか。
하다까니 낫떼 오요이데 미마셍까

裸(はだか) 알몸

오늘 해보겠습니다.

今日、やってみます。
쿄-, 얏떼 미마스

원숭이는 재주를 해보였습니다.

猿は芸をやってみせました。
사루와 게-오 얏떼 미세마시다

やる 하다 / ~てみせる ~해보이다

그녀는 플라밍고를 춤춰 보였습니다.

彼女はフラメンコを踊ってみせました。
카노죠와 후라멩코오 오돗떼 미세마시다

踊る 춤추다

세 번 쓰고 외우기

✎ 空席があるかどうか聞いてみます。

✎ 体温計で計ってみます。

✎ 裸になって泳いでみませんか。

✎ 今日、やってみます。

✎ 猿は芸をやってみせました。

✎ 彼女はフラメンコを踊ってみせました。

Conversation

A: 夕べから少し熱があります。

B: あ、そうですか。体温計で計ってみます。

어젯밤부터 조금 열이 있습니다.

아, 그래요? 체온계로 재보겠습니다.

078

(동사)~てしまう
~해버리다

 의미 확인하면서 읽기

듣기

일본어를 마스터해버렸습니다.
日本語をマスターしてしまいました。
니홍고오 마스타-시떼 시마이마시다

~てしまう는 '~해버리다'의 뜻으로 행위나 동작의 완료를 나타낸다

모두 외출해버려서 집에는 아무도 없습니다.
皆 出かけてしまって、家には誰もいません。
민나 데카케떼 시맛떼, 이에니와 다레모 이마셍

나는 긴 머리를 잘라 버렸습니다.
私は長い髪を刈ってしまいました。
와따시와 나가이 가미오 갓떼 시마이마시다

髪を刈る 머리를 자르다

배탈이 나고 말았습니다.
お腹を壊してしまいました。
오나까오 고와시떼 시마이마시다

お腹を壊す 배탈이 나다

내릴 역을 지나쳐버렸습니다.
降りる駅を過ぎてしまいました。
오리루 에끼오 스기떼 시마이마시다

過ぎる 지나치다

그 회사는 이미 그만둬버렸습니다.
あの会社はもう辞めてしまいました。
아노 카이샤와 모- 야메떼 시마이마시다

회화체에서는 ~てしまう를 ~ちゃう로 줄여서 말하기도 한다

말하기

✎ 日本語をマスターしてしまいました。

✎ 皆出かけてしまって、家には誰もいません。

✎ 私は長い髪を刈ってしまいました。

✎ お腹を壊してしまいました。

✎ 降りる駅を過ぎてしまいました。

✎ あの会社はもう辞めてしまいました。

Conversation

A: 今日、野球の試合はどうでしたか。

B: 残念ながら、三対二で負けてしまいました。

오늘 야구 시합은 어땠습니까?

아쉽게도 3대 2로 지고 말았습니다.

079

(동사)~ていく

~해가다(해지다)

모든 물가가 올라갑니다.

諸物価が値上がりしていきます。

쇼북까가 네아가리시떼 이끼마스

~ていく는 점차로 어떤 상태로 되어 가는 것을 나타낸다

벚꽃이 져갑니다.

桜の花が散っていきます。

사꾸라노 하나가 칫떼 이끼마스

花が散る 꽃이 지다 ↔ 花が咲(さ)く 꽃이 피다

지금부터 추워지겠군요.

これから寒くなっていきますね。

고레까라 사무꾸낫떼 이끼마스네

寒い 춥다

점점 병은 무거워집니다.

ますます病気は重くなっていきます。

마스마스 뵤-끼와 오모꾸낫떼 이끼마스

重い 무겁다 ↔ 軽(かる)い 가볍다

봄이 되어 눈도 녹아갑니다.

春になって、雪も溶けていきます。

하루니 낫떼, 유끼모 도케떼 이끼마스

溶ける 녹다

어려운 책을 술술 읽어나갑니다.

難しい本を読み進めていきます。

무즈까시- 홍오 요미스스메떼 이끼마스

進める 진행하다, 나가다

세 번 쓰고 외우기

말하기

✎ 諸物価が値上がりしていきます。

✎ 桜の花が散っていきます。

✎ これから寒くなっていきますね。

✎ ますます病気は重くなっていきます。

✎ 春になって、雪も溶けていきます。

✎ 難しい本を読み進めていきます。

Conversation

A: もうじき6月になりますよ。
B: あ、そうですか。これから暑くなっていきますね。

이제 곧 6월이 되어요.
아, 그래요? 이제부터 더워지겠군요.

195

(동사)~てくる
~해오다(해지다)

 의미 확인하면서 읽기

 듣기

점점 살이 쪘습니다.

だんだん太ってきました。

단단 후톳떼 기마시다

*~てくる는 '~해오다, ~해지다'의 뜻으로 어떤 상태로

공부가 재미있어졌습니다.

勉強が面白くなってきました。

뱅꾜-가 오모시로꾸낫떼 기마시다

변화되어 오는 과정을 나타낸다

거리의 네온이 밝아졌습니다.

街のネオンが輝いてきました。

마찌노 네옹가 카가야이떼 기마시다

輝く 빛나다

일본 생활에 익숙해졌습니다.

日本の生活に慣れてきました。

니혼노 세-카쯔니 나레떼 기마시다

慣れる 익숙하다

체중이 점점 줄어들었습니다.

体重がだんだん減ってきました。

타이쥬-가 단당 헷떼 기마시다

減る 줄다

이제 곧 날이 밝아옵니다.

もうすぐ夜が開けてきます。

모- 스구 요가 아께떼 기마스

夜が明ける 날이 새다

세 번 쓰고 외우기

✎ だんだん太ってきました。

_____

✎ 勉強が面白くなってきました。

_____

✎ 街のネオンが輝いてきました。

_____

✎ 日本の生活に慣れてきました。

_____

✎ 体重がだんだん減ってきました。

_____

✎ もうすぐ夜が開けてきます。

_____

Conversation

A: ここの生活ももう1年になりましたね。
B: ええ、ここの生活にもずいぶん慣れてきましたよ。

여기 생활도 벌써 1년이 되었군요.
예, 여기 생활도 무척 익숙해졌어요.

~から

~이(하)니까, ~이어(해)서

 의미 확인하면서 읽기

 듣기

깨지기 쉬운 물건이니까 주의했습니다.

壊れやすい物だから注意しました。

고와레야스이 모노다까라 츄-이시마시다

から는 뒤의 사항의 주관적인 원인이나 이유를 나타낸다

조용해서 무척 살기 좋습니다.

静かだから、とても住みやすいです。

시즈까다까라, 도떼모 스미야스이데스

住む 살다

9시부터 수업이니까 서둘러서 갑시다.

9時から授業ですから、急いで行きましょう。

쿠지까라 쥬교-데스까라, 이소이데 이끼마쇼-

비가 내리니까 산책은 그만둡시다.

雨が降っているから、散歩は止めましょう。

아메가 훗떼 이루까라, 삼뽀와 야메마쇼-

거기 레스토랑은 싸니까 자주 갑니다.

あそこのレストランは安いから、よく行きます。

아소꼬노 레스토랑와 야스이까라, 요꾸 이끼마스

볼일이 있어서 좀 늦게 갑니다.

用事があるから、ちょっと遅れて行きます。

요-지가 아루까라, 촛또 오꾸레떼 이끼마스

198

세 번 쓰고 외우기

말하기

壊れやすい物だから注意しました。

静かだから、とても住みやすいです。

9時から授業ですから、急いで行きましょう。

雨が降っているから、散歩は止めましょう。

あそこのレストランは安いから、よく行きます。

用事があるから、ちょっと遅れて行きます。

Conversation

A: 明日はうちにいませんか。

B: いいえ、明日は暇だから、うちにいます。

내일은 집에 없습니까?

아니오, 내일은 한가하니까 집에 있습니다.

082 ~(な)ので
~이기(하기)때문에, ~이(하)므로

의미 확인하면서 읽기

 듣기

아침부터 비가 와서 나가지 않습니다.

朝から雨なので、出かけません。

아사까라 아메나노데, 데카께마셍

ので는 뒤의 사항의 객관적인 원인이나 이유를 나타낸다

맛있는 빵집이기 때문에 잘 팔립니다.

おいしいパン屋さんなので、よく売れます。

오이시- 팡야산나노데, 요꾸 우레마스

ので가 명사에나 형용동사에 접속할 때는 なので의 형태를 취한다

교통이 불편해서 택시로 갑니다.

交通が不便なので、タクシーで行きます。

코-쯔-가 후벤나노데, 타쿠시-데 이끼마스

피곤해서 집에 가서 쉬겠습니다.

疲れましたので、家に帰って休みます。

쓰까레마시따노데, 이에니 가엣떼 야스미마스

疲れる 피곤하다, 지치다

이 케이크는 맛있어서 인기가 있습니다.

このケーキはおいしいので、人気があります。

고노 케-키와 오이시-노데, 닝끼가 아리마스

요즘 더워서 컨디션이 안 좋습니다.

最近、暑いですので、体の具合がよくありません。

사이낑, 아쯔이데스노데, 가라다노 구아이가 요꾸 아리마셍

세 번 쓰고 외우기

 말하기

✏ 朝から雨なので、出かけません。　

_____

_____

✏ おいしいパン屋さんなので、よく売れます。　

_____

_____

✏ 交通が不便なので、タクシーで行きます。　

_____

_____

✏ 疲れましたので、家に帰って休みます。　

_____

_____

✏ このケーキはおいしいので、人気があります。　

_____

_____

✏ 最近、暑いですので、体の具合がよくありません。　

_____

_____

Conversation

A: ここは家賃も安いですね。
B: はい、交通が不便なので少し安いほうです。

여기는 집세도 싸군요.
네, 교통이 불편해서 조금 싼 편입니다.

~(な)のに
~한(인)데도

 의미 확인하면서 읽기

 듣기

아직 학생인데 공부를 하지 않습니다.

まだ学生なのに、勉強をしません。

마다 각세-나노니, 벵꾜-오 시마셍

*のには 활용어에 접속하여 예기치 못한 동작이나 작용의 결과에

나카무라 씨는 몸이 불편한데 왔습니다.

中村さんは体が不便なのに来ました。

나까무라상와 가라다가 후벤나노니 기마시다

대해서 의문의 기분이나 유감스런 기분을 나타낸다

아직 감기가 낫지 않았습니다. 푹 쉬었는데도요.

まだ風邪が治りません。ぐっすり休みましたのに。

마다 카제가 나오리마셍. 굿스리 야스미마시따노니

반년밖에 배우지 않았는데 영어를 말합니다.

半年しか習っていないのに英語を話します。

한또시시까 나랏떼 이나이노니 에-고오 하나시마스

習う 배우다, 익히다

오늘은 더운데도 스웨터를 입고 있습니다.

今日は暑いのにセーターを着ています。

쿄-와 아쯔이노니 세-타-오 기떼 이마스

하지만, 약을 먹고 있는데 괜찮을까요?

でも、薬を飲んでいるのに大丈夫でしょうか。

데모, 구스리오 논데 이루노니 다이죠-부데쇼-까

말하기

✎ まだ学生なのに、勉強をしません。

✎ 中村さんは体が不便なのに来ました。

✎ まだ風邪が治りません。ぐっすり休みましたのに。

✎ 半年しか習っていないのに英語を話します。

✎ 今日は暑いのにセーターを着ています。

✎ でも、薬を飲んでいるのに大丈夫でしょうか。

Conversation

A: 木村さんは今日も会社へ行きましたか。
B: はい、まだ熱があるのに、会社へ行きました。

기무라 씨는 오늘도 회사에 갔습니까?
네, 아직 열이 있는데 회사에 갔습니다.

084 ~(の)ために
~(을)를 위해서 / ~하기 위해서

의미 확인하면서 읽기

듣기

나는 가족을 위해 일하고 있습니다.
私は家族のために働いています。
와따시와 카조꾸노 다메니 하따라이떼 이마스

명사에 접속하는 ~(の)ために는 '~을 위하여'의 뜻으로 목적을 나타낸다

건강을 위해 조금 운동하고 있습니다.
健康のために、少し運動しています。
켕꼬-노 다메니, 스꼬시 운도-시떼 이마스

고양이를 위한 동물병원이 있습니다.
猫のための動物病院があります。
네꼬노 다메노 도-부쯔뵤-잉가 아리마스

뒤의 명사에 이어질 때는 ~のための(~을 위한)의 형태를 취한다

장래를 위해 저축하고 있습니다.
将来のために、貯蓄しています。
쇼-라이노 다메니, 쵸찌꾸시떼 이마스

여기 사람들은 놀기 위해 아르바이트를 하고 있습니다.
ここの人たちは遊ぶためにアルバイトをしています。
고꼬노 히토타찌와 아소부다메니 아루바이토오 시떼 이마스

돈을 빌리기 위해 찾아왔습니다.
お金を借りるために、訪ねてきました。
오까네오 가리루 다메니, 다즈네떼 기마시다

활용어에 접속할 때는 の를 붙이지 않으며 に를 생략하기도 한다

204

세 번 쓰고 외우기

말하기

私は家族のために働いています。

健康のために、少し運動しています。

猫のための動物病院があります。

将来のために、貯蓄しています。

ここの人たちは遊ぶためにアルバイトをしています。

お金を借りるために、訪ねてきました。

Conversation

A: 素敵な背広ですね。
B: 今日のために特別に注文しました。

멋진 양복이군요.
오늘을 위해 특별히 주문했습니다.

~(の)ために

~이기 때문에/ ~하기 때문에

의미 확인하면서 읽기

듣기

병 때문에 학교를 쉬었습니다.

病気のため学校を休みました。

뵤-끼노 다메 각꼬-오 야스미마시다

~(の)에 오는 사항의 원인이나 이유를 나타내기도 한다

일 때문에 쉴 수가 없습니다.

仕事のため、休むことができません。

시고또노 다메, 야스무 고또가 데끼마셍

동사 기본형에 ことができる가 접속하면 '~할 수가 있다'의 뜻이 된다

버스가 늦게 와서 지각했습니다.

バスが遅れて来るため遅刻しました。

바스가 오꾸레떼 구루다메 치꼬꾸시마시다

遅れる 늦다

멀어서 아침 일찍 집을 나왔습니다.

遠いため朝早く家を出ました。

도-오이다메 아사하야꾸 이에오 데마시다

토마토를 싫어해서 토마토케첩도 먹지 않습니다.

トマトが嫌いなためトマトケチャップも食べません。

토마토가 기라이나다메 토마토케챱푸모 다베마셍

형용동사에의 경우는 ~なために가 된다

소풍은 비 때문에 취소했습니다.

遠足は雨のために中止しました。

엔소꾸와 아메노 다메니 츄-시시마시다

세 번 쓰고 외우기

✎ 病気のため学校を休みました。

✎ 仕事のため、休むことができません。

✎ バスが遅れて来るため遅刻しました。

✎ 遠いため朝早く家を出ました。

✎ トマトが嫌いなためトマトケチャップも食べません。

✎ 遠足は雨のために中止しました。

Conversation

A: あの店は閉まっていましたか。
B: はい、旅行のため、あすまでお休みだそうです。

그 가게는 닫혀 있었습니까?
네, 여행 때문에 내일까지 쉰다고 합니다.

PART 06

부정표현과 요구표현

기초 일본어 문법

▶ 1단동사, 변격동사 ~ない

1단동사의 부정형은 **ます**가 접속될 때와 마찬가지로 어미 **る**가 탈락되고 부정어 **ない**가 접속합니다. 변격동사 **くる**는 **こない**로, **する**는 **しない**로 각기 어간과 어미가 변합니다.

기본형	의 미	부정형	의 미
起(お)きる	일어나다	起きない	일어나지 않다
食(た)べる	먹다	食べない	먹지 않다
来(く)る	오다	こない	오지 않다
する	하다	しない	하지 않다

▶ 5단동사 ~ない

동사의 부정형은 **ない**가 접속된 형태를 말합니다. 이 때 **ない**는 '없다'는 뜻이 아니라 '~(하)지 않다'의 뜻으로 부정을 나타냅니다, 또한 5단동사의 부정형은 어미 **う**단이 **あ**단으로 바뀌어 **ない**가 접속됩니다.

기본형	의 미	부정형	의 미
行(い)く	가다	行かない	가지 않다
泳(およ)ぐ	헤엄치다	泳がない	헤엄치지 않다
待(ま)つ	기다리다	待たない	기다리지 않다
乗(の)る	타다	乗らない	타지 않다
言(い)う	말하다	言わない	말하지 않다
読(よ)む	읽다	読まない	읽지 않다
飛(と)ぶ	날다	飛ばない	날지 않다
死(し)ぬ	죽다	死なない	죽지 않다
話(はな)す	이야기하다	話さない	이야기하지 않다

▶ 형용사 ~くない

형용사의 부정형은 ~くない입니다. 앞서 배운 정중한 부정 표현인 ~くありません과 동일하게 어미 い가 く로 바뀌어 부정어 ない가 접속합니다.

기본형	의 미	부정형	의 미
赤(あか)い	빨갛다	赤くない	빨갛지 않다
大(おお)きい	크다	大きくない	크지 않다
寒(さむ)い	춥다	寒くない	춥지 않다
遠(とお)い	멀다	遠くない	멀지 않다

▶ 형용동사 ~ではない

형용동사의 부정형은 ~ではない입니다. 구어체에서는 보통 ~じゃない로 말하며, 부정형에 です를 접속하면 ~では(じゃ)ありません과 동일한 의미가 됩니다.

기본형	의 미	부정형	의 미
静(しず)かだ	조용하다	静かではない	조용하지 않다
有名(ゆうめい)だ	유명하다	有名ではない	유명하지 않다
便利(べんり)だ	편리하다	便利ではない	편리하지 않다
好(す)きだ	좋아하다	好きではない	좋아하지 않다

▶ 명사 ~ではない

정중한 단정을 나타내는 です의 보통체인 だ의 부정형은 ~ではない입니다. 구어체에서는 보통 ~じゃない로 말하며, 부정형에 です를 접속하면 ~では(じゃ)ありません과 동일한 의미가 됩니다. 참고로 문어체에서는 だ보다는 である를 씁니다.

기본형	의 미	부정형	의 미
学生(がくせい)だ	학생이다	学生ではない	학생이 아니다
先生(せんせい)だ	선생이다	先生ではない	선생이 아니다
時計(とけい)だ	시계다	時計ではない	시계가 아니다
テレビだ	텔레비전이다	テレビではない	텔레비전이 아니다

086	(1단동사)~ない
	~하지 않다

의미 확인하면서 읽기

듣기

요시무라 씨는 양복을 입지 않는다.

吉村さんは背広を着ない。

요시무라상와 시비로오 기나이

ない는 본래 '없다'라는 뜻의 형용사이지만, 이처럼 활용어에

창문은 안 닫았니?

窓は閉めなかったの?

마도와 시메나깟따노

접속되어 쓰일 때는 '~하지 않다'라는 뜻으로 부정을 나타낸다

뉴스를 보지 않는 날도 있습니다.

ニュースを見ない日もあります。

뉴-스오 미나이 히모 아리마스

외국인에게 일본어를 가르치지 않습니다.

外国人に日本語を教えないです。

가이코꾸진니 니홍고오 오시에나이데스

教えないです＝教えません

맛없으니까 안 먹을래.

まずいから食べないよ。

마즈이까라 다베나이요

まずい 맛없다

그녀는 아파트에 없었어.

彼女はアパートにいなかったよ。

카노죠와 아파-토니 이나깟따요

무생물의 존재를 나타내는 ある의 부정어는 ない(없다)이다

212

세 번 쓰고 외우기

 말하기

✏ 吉村さんは背広を着ない。

✏ 窓は閉めなかったの?

✏ ニュースを見ない日もあります。

✏ 外国人に日本語を教えないです。

✏ まずいから食べないよ。

✏ 彼女はアパートにいなかったよ。

Conversation

A: パン、食べる?
B: いや、食べないよ。
빵, 먹을래?
아니, 안 먹을래.

213

(5단동사)~か·が·わ·さ·た·らない

~하지 않다

 의미 확인하면서 읽기

 듣기

오늘은 회사에 가지 않는다.

今日は会社へ行かない。

쿄-와 카이샤에 이까나이

5단동사에 ない가 접속할 때는 어미가 あ단으로 바뀐다

그녀는 풀장에서 헤엄치지 않는다.

彼女はプールで泳がない。

카노죠와 푸-루데 오요가나이

이 가게에서는 아무 것도 사지 않았다.

この店では何も買わなかった。

고노 미세데와 나니모 가와나깟따

부정어 ない의 과거형도 형용사 ない처럼 なかった이다

왜 리포트를 내지 않니?

どうしてレポートを出さないの。

도-시떼 레포-토오 다사나이노

그는 아무도 기다리지 않습니다.

彼は誰も待たないです。

카레와 다레모 마따나이데스

비가 전혀 내리지 않았습니다.

雨が全然降らなかったです。

아메가 젠젱 후라나깟따데스

降らなかったです = 降りませんでした

세 번 쓰고 외우기

今日は会社へ行かない。

彼女はプールで泳がない。

この店では何も買わなかった。

どうしてレポートを出さないの。

彼は誰も待たないです。

雨が全然降らなかったです。

Conversation

A: あす、どこかへ行く?

B: ううん、どこへも行かないよ。

내일 어딘가에 가니?
아니, 아무 데도 안 가.

215

의미 확인하면서 읽기

듣기

죽지 않는 생물은 없습니다.

死なない生き物はありません。

시나나이 이끼모노와 아리마셍

동사의 ます형에 物가 접속하면 '~하는 것'을 나타낸다

하늘을 날지 않는 새도 있습니다.

空を飛ばない鳥もいます。

소라오 도바나이 도리모 이마스

술은 마시지 않겠습니다.

お酒を飲まないです。

오사께오 노마나이데스

飲まないです＝飲みません

나는 집에서 아무 것도 하지 않는다.

僕はうちで何もしない。

보꾸와 우찌데 나니모 시나이

する 하다 / します, しない

요시무라 씨는 학교에 오지 않나요?

吉村さんは学校へ来ないんですか。

요시무라상와 각꼬-에 고나인데스까

くる 오다 / きます, こない

그는 오늘도 집에 가지 않는다.

彼は今日も家に帰らない。

카레와 쿄-모 이에니 가에라나이

세 번 쓰고 외우기

 말하기

死なない生き物はありません。

空を飛ばない鳥もいます。

お酒を飲まないです。

僕はうちで何もしない。

吉村さんは学校へ来ないんですか。

彼は今日も家に帰らない。

Conversation

A: ここで遊ぶ？

B: ううん、遊ばないわよ。

여기서 놀래?

아니, 안 놀래.

217

(형용사)~くない
~하지 않다

의미 확인하면서 읽기

 듣기

이 디카는 비싸지 않아.

このデジカメは高くないよ。

고노 데지카메와 다카꾸 나이요

형용사의 부정형은 어미 い를 く로 바꾸고 부정어 ない를 접속한다

집에서 역까지는 별로 멀지 않다.

家から駅まではあまり遠くない。

이에까라 에끼마데와 아마리 도-꾸나이

여기 겨울은 별로 춥지 않습니다.

ここの冬はあまり寒くないです。

고꼬노 후유와 아마리 사무꾸 나이데스

寒くないです＝寒くありません

싸지 않은 물건은 사지 않는다.

安くない品物は買わない。

야스꾸 나이 시나모노와 가와나이

올 겨울은 별로 춥지 않았다.

今年の冬はあんまり寒くなかった。

고또시노 후유와 암마리 사무꾸 나깟따

あんまり는 あまり의 강조 표현이다

영어 문제는 어렵지 않았습니다.

英語の問題は難しくなかったです。

에-고노 몬다이와 무즈까시꾸 나깟따데스

難しくなかったです＝難しくありませんでした

089

218

세 번 쓰고 외우기

 말하기

✎ このデジカメは高くないよ。

✎ 家から駅まではあまり遠くない。

✎ ここの冬はあまり寒くないです。

✎ 安くない品物は買わない。

✎ 今年の冬はあんまり寒くなかった。

✎ 英語の問題は難しくなかったです。

Conversation	A: あの漫画、面白い？
	B: ううん、あんまり面白くないよ。
	그 만화 재미있니?
	아니, 별로 재미 없어.

090 (명사・형용동사)~ではない
~이(가) 아니다/~하지 않다

 의미 확인하면서 읽기

 듣기

저 사람은 일본인이 아니다.

あの人は日本人ではない。

아노 히또와 니혼진데와 나이

~です(~입니다)의 보통체인 ~だ(~이다)의 부정형은 ~ではない이다

여기 교통은 편하지 않다.

ここの交通は便利じゃない。

고꼬노 코-쯔-와 벤리쟈 나이

~ではない는 회화체에서는 ~じゃない로 줄여 쓴다

저 가수는 그다지 유명하지 않습니다.

あの歌手はあまり有名ではないです。

아노 카슈와 아마리 유-메-데와 나이데스

~ではないです = ~ではありません

그는 깨끗하지 않는 아파트에 살고 있습니다.

彼は綺麗ではないアパートで住んでいます。

카레와 기레-데와 나이 아파-토데 슨데 이마스

그 호텔 사람은 친절하지 않았다.

あのホテルの人は親切ではなかった。

아노 호테루노 히또와 신세쯔데와 나깟따

야마다 씨는 소박하지 않았습니다.

山田さんは素朴じゃなかったです。

야마다상와 소보꾸쟈 나깟따데스

~じゃなかったです + ~じゃありませんでした

세 번 쓰고 외우기

말하기

あの人は日本人ではない。

ここの交通は便利じゃない。

あの歌手はあまり有名ではないです。

彼は綺麗ではないアパートで住んでいます。

あのホテルの人は親切ではなかった。

山田さんは素朴じゃなかったです。

Conversation

A: この洋服はどう?
B: いいね、でもちょっと派手じゃない?

이 옷은 어때?
좋아, 근데 좀 화려하지 않니?

091 (동사)~ないで

~하지 않고(말고)

 의미 확인하면서 읽기

껍질을 벗기지 않고 사과를 먹습니다.

皮をむかないでりんごを食べます。

카와오 무까나이데 링고오 다베마스

*ないでは 다른 동작이나 상태에 이어질 때에 주로 쓰인다

그는 안전벨트를 하지 않고 차를 운전합니다.

彼はシートベルトをしないで車を運転します。

카레와 시-토베루토오 시나이데 구루마오 운뗀시마스

한눈도 팔지 않고 공부하고 있습니다.

脇目も振らないで勉強しています。

와끼메오 후라나이데 벵꼬-시떼 이마스

脇目を振る 한눈을 팔다

울지 말고 이유를 말해요.

泣かないで、訳を話してよ。

나까나이데, 와께오 하나시떼요

~てよ ~해요

내 옆에 오지 마요.

私の近くに来ないでよ。

와따시노 치카꾸니 고나이데요

~ないでよ ~하지 마요

우산을 안 갖고 학교에 갔습니다.

傘を持たないで学校へ行きました。

카사오 모따나이데 각꼬-에 이끼마시다

세 번 쓰고 외우기

✎ 皮をむかないでりんごを食べます。

_____

✎ 彼はシートベルトをしないで車を運転します。

_____

✎ 脇目も振らないで勉強しています。

_____

✎ 泣かないで、訳を話してよ。

_____

✎ 私の近くに来ないでよ。

_____

✎ 傘を持たないで学校へ行きました。

_____

Conversation

A: 明日の約束は何時なの?
B: 午後6時だよ。時間に遅れないで。

내일 약속은 몇 시지?
오후 6시야. 시간에 늦지 말고.

 의미 확인하면서 읽기

092 (동사)~なくて
~하지 않아서

듣기

잘 자지 못해서 잠이 부족합니다.

よく眠れなくて、寝不足です。
ねむ　　　　　　　　ねぶそく

요꾸 네무레나꾸떼, 네부소꾸데스

*~なくて는 앞에 오는 사항이 뒤에 오는 사항의

밥을 먹지 않아 곤란해하고 있습니다.

ご飯を食べなくて、困っています。
はん　た　　　　　　こま

고항오 다베나꾸떼, 고맛떼 이마스

이유나 원인을 나타낼 때 주로 쓰인다

전차가 붐비지 않아서 다행이었습니다.

電車が混まなくて、助かりました。
でんしゃ　こ　　　　　　たす

덴샤가 고마나꾸떼, 다스까리마시다

助かる 도움이 되다, 구조되다

친구가 없어서 혼자서 있습니다.

友達がいなくて、一人でいます。
ともだち　　　　　　ひとり

도모다찌가 이나꾸떼, 히또리데 이마스

생물의 존재를 나타내는 いる(있다)의 부정형은 いない이다

물이 나오지 않아서 밥도 못 짓습니다.

水が出なくて、ご飯も作れません。
みず　で　　　　　　はん　つく

미즈가 데나꾸떼, 고함모 쓰꾸레마셍

ご飯を作る 밥을 짓다

운동을 하지 않아서 몸이 나빠졌습니다.

運動をしなくて、体が悪くなりました。
うんどう　　　　　からだ　わる

운도-오 시나꾸떼, 가라다가 와루꾸 나리마시다

224

세 번 쓰고 외우기

말하기

✏ よく眠れなくて、寝不足です。

✏ ご飯を食べなくて、困っています。

✏ 電車が混まなくて、助かりました。

✏ 友達がいなくて、一人でいます。

✏ 水が出なくて、ご飯も作れません。

✏ 運動をしなくて、体が悪くなりました。

Conversation

A: 命まで取られなくてよかったね。
いのち と

B: 不幸中の幸いだった。
ふ こうちゅう さいわ

목숨마저 뺏기지 않아서 다행이야.

불행 중 다행이었어.

093

(동사)~てもいい

~해도 된다

의미 확인하면서 읽기

사진을 찍어도 됩니까?

写真を撮ってもいいですか。

샤싱오 돗떼모 이-데스까

~てもいいた '~해도 좋다'는 허가나 허용을 나타낸다

이 책을 빌려 읽어도 됩니까?

この本を借りて読んでもいいですか。

고노 홍오 가리떼 욘데모 이-데스까

점심을 먹어도 됩니까?

お昼ご飯を食べてもいいですか。

오히루고항오 다베떼모 이-데스까

조금 빨리 돌아가도 됩니까?

少し早く帰ってもいいですか。

스꼬시 하야꾸 가엣떼모 이-데스까

방에 들어가도 상관없다.

部屋に入ってもかまわない。

헤야니 하잇떼모 가마와나이

~てもいい와 비슷한 표현으로는 ~てもかまわない가 있다

자유롭게 사용해도 괜찮아요.

自由に使ってもかまいませんよ。

지유-니 쓰깟떼모 가마이마셍요

かまう 상관하다, 관계하다

세 번 쓰고 외우기

✏ 写真を撮ってもいいですか。

✏ この本を借りて読んでもいいですか。

✏ お昼ご飯を食べてもいいですか。

✏ 少し早く帰ってもいいですか。

✏ 部屋に入ってもかまわない。

✏ 自由に使ってもかまいませんよ。

Conversation

A: 夜遅く、電話してもいいですか。

B: ええ、いつでもかまいません。

밤늦게 전화해도 괜찮아요?
네, 언제라도 괜찮습니다.

094

(동사)~なくてもいい
~하지 않아도 된다

의미 확인하면서 읽기

듣기

당신은 가지 않아도 됩니다.

あなたは行かなくてもいいです。

아나따와 이까나꾸떼모 이-데스

~なくてもいい는 '~하지 않아도 된다'는 뜻의 불필요를 나타낸다

앞으로 걱정하지 않아도 돼요.

これから心配しなくてもいいですよ。

고레까라 심빠이시나꾸떼모 이-데스요

心配する 걱정하다

오늘은 요리를 하지 않아도 됩니다.

今日は料理をしなくてもいいです。

쿄-와 료-리오 시나꾸떼모 이-데스

당신은 오지 않아도 상관없다.

あなたは来なくてもかまわない。

아나따와 고나꾸떼모 가마와나이

~なくてもかまわない ~하지 않아도 상관없다

룸에 욕실은 딸려있지 않아도 괜찮습니다.

ルームにお風呂は付いていなくてもかまいません。

루-무니 오후로와 쓰이떼 이나꾸떼모 가마이마셍

현금으로 보내지 않아도 상관없습니다.

現金で送らなくてもかまいません。

겡낑데 오꾸라나꾸떼모 가마이마셍

세 번 쓰고 외우기

✏ あなたは行かなくてもいいです。

_____

_____

✏ これから心配しなくてもいいですよ。

_____

_____

✏ 今日は料理をしなくてもいいです。

_____

_____

✏ あなたは来なくてもかまわない。

_____

_____

✏ ルームにお風呂は付いていなくてもかまいません。

_____

_____

✏ 現金で送らなくてもかまいません。

_____

_____

Conversation	
	A: 結婚式には、着物を着ますか。 B: いいえ、着物は着なくてもいいです。 결혼식에는 기모노를 입습니까? 아니오, 기모노는 입지 않아도 됩니다.

229

095 (동사)~てはいけない
~해서는 안 된다

의미 확인하면서 읽기

수업에 늦어서는 안 됩니다.

授業に遅れてはいけません。

쥬교-니 오꾸레떼와 이께마셍

~てはいけない는 상대방의 어떤 행위를 강하게 금지하는 표현이 된다

여기서 잡담을 해서는 안 된다.

ここでおしゃべりをしてはいけない。

고꼬데 오샤베리오 시떼와 이께나이

'안 된다'의 뜻을 가지 いけない의 정중체는 いけません이다

일을 게을리 해서는 안 됩니다.

仕事を怠けてはいけませんよ。

시고또오 나마께떼와 이께마셍요

怠ける 게으름을 피우다

여기서는 사진을 찍어서는 안 됩니다.

ここでは写真を撮ってはいけません。

고꼬데와 샤싱오 돗떼와 이께마셍

写真を撮る 사진을 찍다

사람은 거짓말을 해서는 안 된다.

人は嘘を言ってはならない。

히또와 우소오 잇떼와 나라나이

~てはならない는 객관적인 강한 금지를 나타낼 때 쓰인다

아이를 괴롭혀서는 안 됩니다.

子供を苛めてはなりません。

고도모오 이지메떼와 나리마셍

苛める 괴롭히다

세 번 쓰고 외우기

말하기

✏ 授業に遅れてはいけません。

✏ ここでおしゃべりをしてはいけない。

✏ 仕事を怠けてはいけませんよ。

✏ ここでは写真を撮ってはいけません。

✏ 人は嘘を言ってはならない。

✏ 子供を苛めてはなりません。

Conversation

A: テレビをつけてもいいですか。
B: はい、でもボリュームを大きくしてはいけません。

텔레비전을 켜도 됩니까?
네, 하지만 볼륨을 크게 해서는 안 됩니다.

231

096 (동사)~なさい
~하거라

 의미 확인하면서 읽기

 듣기

더 쉬거라.

もっと休みなさい。
やす

못또 야스미나사이

*なさい는 어린이나 친한 아랫사람에게 쓸 수 있는 말로

내일은 일찍 오거라.

明日は早く来なさい。
あした　はや　き

아시따와 하야꾸 기나사이

가벼운 명령이나 요구를 나타낸다

좀 더 확실히 공부해라.

もっとしっかり勉強しなさい。
べんきょう

못또 식까리 벵꾜-시나사이

なさい는 동사의 ます형에 접속한다

좀 더 큰 소리로 말해라.

もっと大きな声で言いなさい。
おお　　こえ　い

못또 오-끼나 고에데 이이나사이

大きな 커다란, 큰

자기 전에는 이를 닦아라.

寝る前には歯を磨きなさい。
ね　まえ　は　みが

네루 마에니와 하오 미가끼나사이

밥을 먹고 나서 약을 먹어라.

ご飯を食べてから薬を飲みなさい。
はん　た　　くすり　の

고항오 다베떼까라 구스리오 노미나사이

세 번 쓰고 외우기

말하기

もっと休みなさい。

明日は早く来なさい。

もっとしっかり勉強しなさい。

もっと大きな声で言いなさい。

寝る前には歯を磨きなさい。

ご飯を食べてから薬を飲みなさい。

学習日

Conversation

A: この料理はあまり食べたくないよ。
B: だめ、残さないで全部食べなさい。

이 요리는 별로 먹고 싶지 않아요.
안돼, 남기지 말고 전부 먹어라.

233

097 (동사)~てください

~해 주세요

의미 확인하면서 읽기

듣기

여기에 주소를 적어 주세요.

ここに住所を書いてください。

고꼬니 쥬-쇼오 가이떼 구다사이

~てくださいは '~해 주세요'의 뜻으로 의뢰나 요구를 나타낸다

다시 한 번 말해 주세요.

もう一度話してください。

모- 이찌도 하나시떼 구다사이

테이블도 치워 주세요.

テーブルも片付けてください。

테-부루모 카따즈케떼 구다사이

片付ける 치우다, 정리하다

다리를 벌리고 서 주세요.

脚を開いて立ってください。

아시오 히라이떼 닷떼 구다사이

立つ 서다

구급차를 불러 주세요.

救急車を呼んでください。

큐-뀨-샤오 욘데 구다사이

여러분, 조용히 해 주세요.

皆さん、静かにしてください。

미나상, 시즈까니 시떼 구다사이

静かにする 조용히 하다

234

세 번 쓰고 외우기

말하기

✎ ここに住所を書いてください。

✎ もう一度話してください。

✎ テーブルも片付けてください。

✎ 脚を開いて立ってください。

✎ 救急車を呼んでください。

✎ 皆さん、静かにしてください。

Conversation

A: お母さん、部屋の掃除を手伝ってくださいよ。
B: 自分のことは自分でしなさい。

어머니, 방 청소를 거들어 주세요.
네 일은 스스로 하거라.

235

お〜ください
〜해 주십시오

의미 확인하면서 읽기

 듣기

이 약을 드십시오.

この薬をお飲みください。

고노 구스리오 오노미 구다사이

상대방에 대한 권유나 의뢰를 나타낼 때는 보통 ~てください를 쓰지만,

자, 안으로 들어가십시오.

どうぞ、中にお入りください。

도-조, 나까니 오하이리 구다사이

손윗사람이나 정중한 장면에서는 お+동사의 ます형+ください를 쓴다

카드에 성함을 적으십시오.

カードにお名前をお書きください。

카-도니 오나마에오 오카끼 구다사이

접두어 お는 미화어와 존경의 의미로 명사 앞에 붙여 쓴다

저희 집에 묵으십시오.

うちにお泊まりください。

우찌니 오토마리 구다사이

泊まる 머물다, 묵다

10시까지 모여 주십시오.

10時までにお集まりください。

쥬-지마데니 오아쯔마리 구다사이

集まる 모이다

집에서 푹 쉬십시오.

家でぐっすりお休みください。

이에데 굿스리 오야스미 구다사이

ぐっすり休む 푹 쉬다

세 번 쓰고 외우기

말하기

✎ この薬をお飲みください。

✎ どうぞ、中にお入りください。

✎ カードにお名前をお書きください。

✎ うちにお泊まりください。

✎ 10時までにお集まりください。

✎ 家でぐっすりお休みください。

Conversation

A: お好きなドレッシングをお選びください。

B: そうですね。じゃあ、これをください。

좋아하시는 드레싱을 고르십시오.
글쎄요, 그럼, 이것을 주세요.

237

099 (동사)~ないでください

~하지 마세요

의미 확인하면서 읽기

듣기

학교를 쉬지 마세요.

学校を休まないでください。

각꼬-오 야스마나이데 구다사이

*동사의 부정형에 접속하는 ~ないでください는 '~하지 마세요'의

창문을 닫지 마세요.

窓を閉めないでください。

마도오 시메나이데 구다사이

뜻으로 정중한 금지의 요구를 나타낸다

이 안에 들어가지 마세요.

この中に入らないでください。

고노 나까니 하이라나이데 구다사이

入る 들어가(오)다

아무에게도 말하지 마세요.

誰にも言わないでください。

다레니모 이와나이데 구다사이

자리를 뜨지 마세요.

席を立たないでください。

세끼오 다따나이데 구다사이

席を立つ 자리를 뜨다

복도에서는 뛰지 마세요.

廊下では走らないでください。

로-까데와 하시라나이데 구다사이

走る 달리다,

세 번 쓰고 외우기

📢 말하기

✏ 学校を休まないでください。　😋 😋 😋

✏ 窓を閉めないでください。　😋 😋 😋

✏ この中に入らないでください。　😋 😋 😋

✏ 誰にも言わないでください。　😋 😋 😋

✏ 席を立たないでください。　😋 😋 😋

✏ 廊下では走らないでください。　😋 😋 😋

Conversation

A: ここは撮影禁止の区域ですか。
　　　<small>さつえいきんし　　くいき</small>
B: はい、ここでは写真を撮らないでください。
　　　　　　　　　<small>しゃしん　　と</small>

여기는 촬영금지 구역입니까?
네, 여기에서는 사진을 찍지 마세요.

👂 👂 👂

의미 확인하면서 읽기

듣기

성실하게 일을 해주었으면 한다.

真面目に仕事をしてほしい。
まじめ　　しごと

마지메니 시고또오 시떼 호시-

~てほしい는 '~해 주었으면 한다'는 뜻으로 말하는 사람의

약속은 꼭 지켜주었으면 한다.

約束はしっかり守ってほしい。
やくそく　　　　　まも

약소꾸와 식까리 마못떼 호시-

희망이나 욕구를 나타낸다

봉급을 올려주었으면 합니다.

給料を上げてほしいです。
きゅうりょう　あ

큐-료-오 아게떼 호시-데스

ほしい(갖고 싶다)는 형용사 활용을 한다

이 기계의 사용법을 가르쳐 주었으면 합니다만.

この機械の使い方を教えてほしいんですが。
きかい　つか　かた　おし

고노 키까이노 쓰까이카따오 오시에떼 호시인데스가

동사의 ます형에 方를 접속하면 '~하는 방법'을 나타낸다 / ~んですが ~입니다만, ~합니다만

언제나 건강하게 지냈으면 좋겠군요.

いつも健康でいてほしいですね。
けんこう

이쯔모 켕꼬-데 이떼 호시-데스네

언제 우리 집에 놀러 왔으면 합니다.

いつか私のうちへ遊びに来てほしいですね。
わたし　　　　　あそ　　き

이쯔까 와따시노 우찌에 아소비니 기떼 호시-데스네

세 번 쓰고 외우기

 말하기

真面目に仕事をしてほしい。

約束はしっかり守ってほしい。

給料を上げてほしいです。

この機械の使い方を教えてほしいんですが。

いつも健康でいてほしいですね。

いつか私のうちへ遊びに来てほしいですね。

Conversation

A: すみませんが、今日ここに来てほしいんですが。
B: 何のご用がありますか。

미안하지만, 오늘 여기에 와 주었으면 합니다만.
무슨 일이 있습니까?

~でしょう

~이(하)겠지요

의미 확인하면서 읽기

그는 분명 훌륭한 의사가 될 것입니다.

彼はきっといい医者になるでしょう。

카레와 깃또 이- 이샤니 나루데쇼-

~でしょうは ~です의 추측형이다

교실에는 아무도 없겠지요?

教室には誰もいないでしょう?

쿄-시쯔니와 다레모 이나이데쇼-

~でしょう의 끝을 올려 말하면 확인하는 표현이 된다

한국요리는 더 매울 거예요.

韓国料理はもっと辛いでしょう。

캉코꾸 료-리와 못또 카라이데쇼-

내일도 비가 올 거에요.

明日も雨でしょう。

아시따모 아메데쇼-

雨でしょう = 雨が降るでしょう

달님도 잘 보이겠지요.

お月様もよく見えるでしょう。

오쓰끼사마모 요꾸 미에루데쇼-

見える 보이다

내일도 더워질까요?

明日も暑くなるでしょうか。

아시따모 아쯔꾸나루데쇼-까

~でしょうか는 정중한 추측의 의문을 나타낸다

세 번 쓰고 외우기

✎ 彼はきっといい医者になるでしょう。

✎ 教室には誰もいないでしょう?

✎ 韓国料理はもっと辛いでしょう。

✎ 明日も雨でしょう。

✎ お月様もよく見えるでしょう。

✎ 明日も暑くなるでしょうか。

Conversation

A: 明日の試合の切符はあるんでしょうか。

B: さあ、あるかどうか電話してみます。

내일 시합 표는 있을까요?

글쎄, 있는지 없는지 전화해 보겠습니다.

243

일본한자의 신자체

일본은 상용한자의 자체(字体)를 만들어 글자의 점이나 획의 복잡함을 정리하여 그 표준을 정하였습니다. 이것을 신자체(新字体)라고도 하며, 약 500여자가 약자화(略字化) 또는 변형화(変形化), 증자화(増字化)되었습니다. 따라서 일본어 한자 표기는 반드시 일본에서 제정한 일본식 신자체를 써야 하며, 우리가 쓰고 있는 정자체(正字体)를 쓰면 안 됩니다.

주요 신자체(新字体) 왼쪽이 정자 오른쪽이 신자체			
假・仮	單・単	辯・弁	專・専
覺・覚	斷・断	寶・宝	戰・戦
擧・挙	當・当	佛・仏	錢・銭
檢・検	黨・党	拂・払	轉・転
劍・剣	對・対	澁・渋	從・従
經・経	臺・台	續・続	晝・昼

주요 신자체(新字体) 왼쪽이 정자 오른쪽이 신자체			
輕 · 軽	圖 · 図	實 · 実	遲 · 遅
繼 · 続	燈 · 灯	亞 · 亜	參 · 参
鷄 · 鶏	藥 · 薬	兒 · 児	賤 · 賎
關 · 関	來 · 来	嶽 · 岳	鐵 · 鉄
觀 · 観	兩 · 両	壓 · 圧	廳 · 庁
廣 · 広	歷 · 歴	樂 · 楽	體 · 体
敎 · 教	戀 · 恋	與 · 与	總 · 総
區 · 区	禮 · 礼	驛 · 駅	醉 · 酔

일본한자의 신자체

주요 신자체(新字体) 왼쪽이 정자 오른쪽이 신자체			
毆 · 殴	勞 · 労	榮 · 栄	齒 · 歯
國 · 国	綠 · 緑	藝 · 芸	寢 · 寝
勸 · 勧	龍 · 竜	譽 · 誉	學 · 学
氣 · 気	萬 · 万	醫 · 医	漢 · 漢
惱 · 悩	賣 · 売	雜 · 雑	歡 · 歓
腦 · 脳	發 · 発	將 · 将	劃 · 画